ミツカン社員の
お酢レシピ

毎日大さじ1杯のお酢で、おいしく健康生活

ミツカン

幻冬舎

日本の みなさんへ

ミツカンは、創業してから200年以上、ずっとお酢をつくってきました。
お酢は、日本人の生活を支える調味料です。ところが、食生活や味覚の変化とともに、若い人たちの〝お酢離れ〟が進んできました。私たちは、それをとてももったいないことだと思っています。なぜなら、たった15㎖、つまり大さじ1杯分のお酢を毎日とり続けることで、健康維持に役立つということが、研究結果としても出たからです（日本農芸化学会など）。
◎肥満気味の方の内臓脂肪を減少させる。　◎高めの血圧や血中中性脂肪値を低下させる。
◎食後の血糖値の上昇を緩やかにする。　◎カルシウムの吸収を促進する。……などなど。
健康のことはもとより、お酢を料理に使うと、味の深みが増したり、お肉がやわらかくジューシーになったりします。料理上手にしてくれる、強力な武器というわけです。
お酢は、決して「すっぱくするだけ」の調味料ではありません。お酢をたっぷり使っても、酸味がほどよく、深みのある味わいに仕上がるレシピもあるほど！（もちろん「すっぱい」のが好きな方は、もっとどんどん使っていただいていいですね）
こんなに素晴らしい「お酢」。もっと日ごろから活用しない手はありません。
従来の調理法だけでなく、現代の食生活や味覚にも合う、お酢を使った活用法を、ミツカンの社員はいつも考えています。部署を超え、お酢を使ったメニューの開発には、余念がありません。実は、お酢離れによって、どんな料理にお酢を使ったらいいのかを知らない若い世代も増えました。お酢を使う料理といえば「酢の物」とか「酢豚」くらいしか思いつかない人も多いのでは？
そこで本書では、昔からお酢が使われていた定番的なレシピを押さえつつ、メニュー開発によって生まれた、「意外！　こんな料理に使えるんだ」「お酢を使ったらもっとおいしくなるんだ！」といった新定番レシピも、ご紹介します。

「もっとおいしく＆毎日お酢をとる」ための、メニュー開発にかかわった、いろんな部署の社員たちの思いとアイデアと研究の成果を集大成したのが、この一冊です。
お酢を毎日の生活の習慣にして、健康を手に入れてください。

2012年5月　ミツカン　メニュー開発チーム一同

※本書に掲載されている「お酢」とは、「食酢品質表示基準」で定義された「食酢」のことです。

本書を読む前に──
毎日の暮らしに、大さじ1杯のお酢をプラス！

1日たったの大さじ1杯（15㎖）。
この、ほんのちょっとの「お酢」が、あなたの健康維持に役立ちます。

「お酢はからだにいい」と昔からいわれていますが、どんなふうにいいか知っていますか？

お酢はからだを思いやる、やさしい調味料です。おばあちゃんもいってませんでしたか？「お酢はからだにいいんだから、もっと食べなさい」。昔の人は、実感としてお酢がからだにいいことを知っていたのでしょう。でもどんなふうにいいのか、説明できる人は少ないですよね。最近、日本農芸化学会などで、「肥満気味の方の内臓脂肪の減少」「高めの血圧の低下」「高めの血中中性脂肪値の低下」「食後の血糖値の上昇を緩やかにする」「カルシウム吸収の促進」「疲労回復のお手伝い」などが、学術的に証明されました。お酢には、毎日を健康に過ごすためのチカラがたくさん秘められているのです。

お酢を入れると、塩分を控えてもしっかり味がつく。塩分控えめで健康に！

現代の食生活は、知らず知らずに塩分をとり過ぎる傾向にあります。塩分のとり過ぎは、さまざまな病気を引き起こす要因にもなります。塩分をとり過ぎると翌日むくみやすい、ということも、多くの女性は知っていますよね。そこでお酢。塩やおしょうゆを少量に減らし、代わりにお酢をたすと、酸味がプラスされて、「塩分控えめなのに味は満足！」という結果になります。

毎日、3食通して大さじ1杯をとればいい

ところで、1日の中で、いつお酢をとったらいいのでしょうか？ 1日15㎖。これはつまり、3食通して、15㎖になればいいということ。小分けしていいのです。3食通して大さじ1杯であれば、そんなにむずかしいことではないですよね。はちみつと合わせてお湯や水で割ったり、ジュースに加えたり、スープを作ったり……など、飲み物系にすると一度で簡単に多めの量をとることができます。それらのレシピも、本書の後半でたくさん紹介しています。

お酢は基本調味料「さしすせそ」のひとつ

和食の基本調味料の「さしすせそ」というのを聞いたことのある人は多いでしょう。この「す」にあたるのが「お酢」です。ちなみに、「さとう・しお・す・しょうゆ（昔は「せうゆ」と書きました）・みそ」で、「さしすせそ」です。しかもお酢は、ソース、マヨネーズ、ドレッシング、トマトケチャップなど、いろんな調味料にも使われています。みなさん、これらの調味料は大好きですよね。お酢は使い方次第なのです。

お酢は、すっぱいだけではありません

お酢は「すっぱい」。もちろんそのとおりです。ところが、お酢を料理に使うときは、単にそれだけではありません。加熱するとすっぱさは和らぎますし、別の調味料や素材の味を引き出してもくれます。油分はさっぱりした味わいになるし、お肉をやわらかくします。お料理のかくし味にお酢を使えば、いろいろなおいしさが発見できますよ。

しょうゆ差しと同じように、「お酢差し」を用意しておきましょう

健康のために1日大さじ1杯のお酢！ そう思ってはいても、調理や食事のときについつい忘れてしまいがち。そこで提案。おしょうゆと同じような小さなびんに入れて「お酢差し」にして、常にスタンバイしておきます。これなら忘れる心配もなく、気軽にお酢を使えます。ただし、お酢差しは、冷蔵庫で保管してくださいね。

カレーライスにお酢⁉ ラーメンにお酢⁉
新しいお酢の使い方で、もっとおいしく＆健康に

ミツカンの社員の間では、カレーライスにお酢をかける、というのが盛り上がっています。ごはんにかける人、カレーにかける人、両方ともかける人。いろいろです。カレーにお酢なんて合わない！と思うかもしれません。でも、一度食べてみてください。油分がまろやかになり、さっぱりといただけ、カレーだけにかければ、すっぱさも気になりません。カウンターに「ラーメン酢」というお酢を置いているラーメン店もあります。お客さんは、たっぷりお酢をかけるそうですよ。テレビCMもしましたが、唐揚げにお酢をかけるのは、だいぶメジャーになりました。ほかにも、ハンバーグやチャーハン、パスタからデザートまで、さまざまな料理に使えます。お酢を使うと、おいしくなってからだにもいい。一石二鳥の調味料なのです。お酢＝酢の物やおすし、だけではないことをわかっていただけましたか？

防腐・静菌で食中毒防止。保存にも向いています

お酢には食べ物をいたみにくくする働きがあります。夏場のお弁当に、酢めしやお酢を使ったおかずを入れたり、魚をお酢でしめたりするのは、こうしたお酢の働きを利用して、食べ物をいたみにくくする工夫なのです。

もくじ

- 1 日本のみなさんへ
- 2 本書を読む前に——
　毎日の暮らしに、大さじ1杯のお酢をプラス！

お酢とつきあわないと損をする これだけの理由

- 8 肥満気味の方の内臓脂肪が減少！
　体重、ウエスト、BMIも下がります!!
- 9 高めの血圧が下がります！
　高めの血中中性脂肪値が下がります！
- 10 食後の血糖値の上昇を緩やかにします！
　体内で吸収されにくいカルシウムを
　吸収しやすくします！
- 11 疲れたからだを癒します！
　食欲を増進し、消化を助けます。
　夏バテ対策にも！
　塩の代わりに使って、おいしく減塩。
　ヘルシー生活の味方！
- 12 お肉がやわらかくなります
　素材のカルシウムを引き出します
　魚のくさみをおさえます
　こってりした料理をさっぱり味にします
　素材の色を鮮やかに。また、より白くします
　さといもなどのぬめりをとります
- 13 お酢についての素朴な疑問
- 14 お酢の種類と使い方
　本書のレシピの使い方

おいしさ引き立つ肉料理

- 16 鶏のさっぱり煮
- 17 肉団子の甘酢あん
- 18 黒酢豚
- 19 羽根つきぎょうざのごま黒酢だれ
- 20 牛たたきのにんにくじょうゆがけ
- 21 豚のごまだれ冷しゃぶ
- 22 焼き豚の赤ワインとお酢煮込み
- 23 鶏のビネガークリーム煮
- 24 さっぱりトンテキ
- 25 豆腐ハンバーグ薬味ソース
- 26 牛肉のマリネステーキ
- 27 ミートローフ バジル酢ソースがけ
- 28 酢で煮たエスニック風スペアリブ
- 29 中華風ローストチキン
- 30 ゆで鶏と大根の薬味ソース
- 31 揚げない酢鶏の玉ねぎピクルス煮
- 32 変わり青椒肉絲

❷ お酢によく合う魚と野菜料理

- 34 酢で煮魚
- 35 白身魚のさっぱりソテー
- 36 あじと玉ねぎの南蛮漬け
  スモークサーモンのマリネ
- 37 鯛のカルパッチョ
- 38 たこのエスニック風サラダ
- 39 にんじんとツナの酢サラダ
  [コラム]ドレッシングも、家で簡単手作り！
- 40 そらまめとささみの酢の物
  [コラム]酢の物に使える、いろいろな合わせ酢
- 41 いかとオクラの酢の物
- 42 ぶり大根
- 43 キャベツとまぐろのぬた
  ツナとえだまめのおろしあえ
- 44 きゅうりのさっぱり漬け
  切り干し大根とごま
  ハリハリ漬け
- 45 じゃがいもきんぴら
- 46 なすの肉じそ巻きピリ辛ソース
- 47 卵の甘酢煮
- 48 中華風冷や奴
  中華風焼きなす

❸ みんな大好き！ごはん・麺・パン

- 50 黒酢で作る手巻きずし
  [コラム]すし飯の作り方
- 51 なんでもカップずし
- 52 いなりずし
- 53 スモークサーモンの押しずし
- 54 肉手まりずし
  焼肉のたれ味＆塩・こしょう味
- 55 韓国風のり巻き
- 56 長いものピクルスでまぐろのづけ丼
- 57 コチュジャンだれの韓国風丼
- 58 チキン南蛮カレーライス
- 59 ミックスビーンズの
  ピクルスでキーマカレー
- 60 豚のさっぱり焼き丼
- 61 さっぱりチャーハン
  にんにくチャーハン
- 62 サンラータンメン
- 63 あんかけ焼きそば
- 64 冷やし中華
- 65 お酢でさっぱり焼きそば
  お酢でさっぱりラーメン
- 66 ラタトゥイユうどん
- 67 ぶっかけねばねばうどん
- 68 冷製パスタ ミニトマトのピクルス風味
  カルボナーラ ミニトマトのピクルス風味
- 69 にんじんのマリネサンド・
  なすのマリネサンド
- 70 ゆずつけ麺
  トマトつけ麺

④ いろいろスープ

- 72　鶏と豆腐の団子入りガドガド風スープ
- 73　鮭のすっぱ辛ホワイトクリーミースープ
- 74　卵とトマトの酸味スープ
　　　もずくのサンラータン
- 75　はるさめ入りタンタンスープ
- 76　チキンときのこの
　　　タイ風グリーンカレースープ
- 77　野菜のカレースープ
- 78　減塩ポトフスープ

⑤ なんでもピクルス

- 80　ミニトマトとうずらのピクルス
　　　ミックスビーンズのピクルス
- 81　ねぎ＆黒こしょうのピクルス
　　　みょうがのピクルス
- 82　カリフラワーのカレーピクルス
　　　玉ねぎのカレーピクルス
- 83　長いものピクルス
　　　もやしのピクルス
　　　らっきょうのピクルス
　　　［コラム］ピクルスを漬けるにあたって
- 84　きゅうり＆にんじん＆セロリのピクルス
　　　きのこのピクルス

⑥ お酢ドリンク＆スイーツ

- 86　グレープフルーツ＆ジンジャーの
　　　サワードリンク
- 87　梅の黒酢サワードリンク
- 88　レアチーズとブルーベリー黒酢ゼリー
- 89　マンゴーのサワームース
- 90　りんごのコンポート
　　　フルーツマリネ
- 91　お酢の炭酸割り・水割り
　　　お酢の牛乳割り・豆乳割り

- 92　使いまわそう！　食材索引
- 94　使いまわそう！　お酢の索引
- 95　お酢料理が、
　　　こんなところでも食べられる！

お酢とつきあわないと
損をする
これだけの理由

「お酢がからだにいいことはなんとなくわかっているけれど……」。
〝なんとなく〟のイメージをここでハッキリさせましょう！
健康に役立ち、料理もおいしくする、
お酢のさまざまなパワーをきちんとお話しします。

※お酢は薬ではないため、疾病を治すものではありません。病気の場合は、医師の診断を受けてください。
※また、これから述べる効果には個人差があります。すべての方に同じ効果があるわけではありません。

肥満気味の方の内臓脂肪が減少!
体重、ウエスト、BMIも下がります!!

内臓脂肪とは内臓の周りにつく脂肪のこと。見た目には痩せていても内臓脂肪が多い場合もあるので、ちょっと厄介です。溜まっていくと、高血圧や高血糖などを引き起こすというからますます厄介。メタボリックシンドロームにつながってしまうのです。そこでお酢の出番。お酢を1日大さじ1杯とり続けることで、肥満気味の人(※1)の内臓脂肪を減少させる働きのあることが実証されています。同時に、体重、BMI(※2)、腹囲を減らす作用があることも確認されました。「1日たった大さじ1杯のお酢で、内臓脂肪は減少し、健康を維持できる」のです。

(※1)日本肥満学会では、BMIが25以上30未満を肥満(1度)と定めている。ここでは肥満1度の人をさす。
(※2)体重(kg)÷身長(m)÷身長(m)で算出される肥満度を表す指数のこと。

【ミツカンで行った試験の概要】
肥満気味(BMI:25~30kg/m²)の男女に食酢約15mlを含む飲料を1日1本(500ml)、朝晩2回に分けて12週間毎日続けて摂取してもらったところ、多くの方で内臓脂肪、体重、ウエスト、BMIが減少しました。12週間摂取後の平均減少率は、内臓脂肪:2.8%、体重:1.6%、ウエスト:1.5%、BMI:1.5%でした。

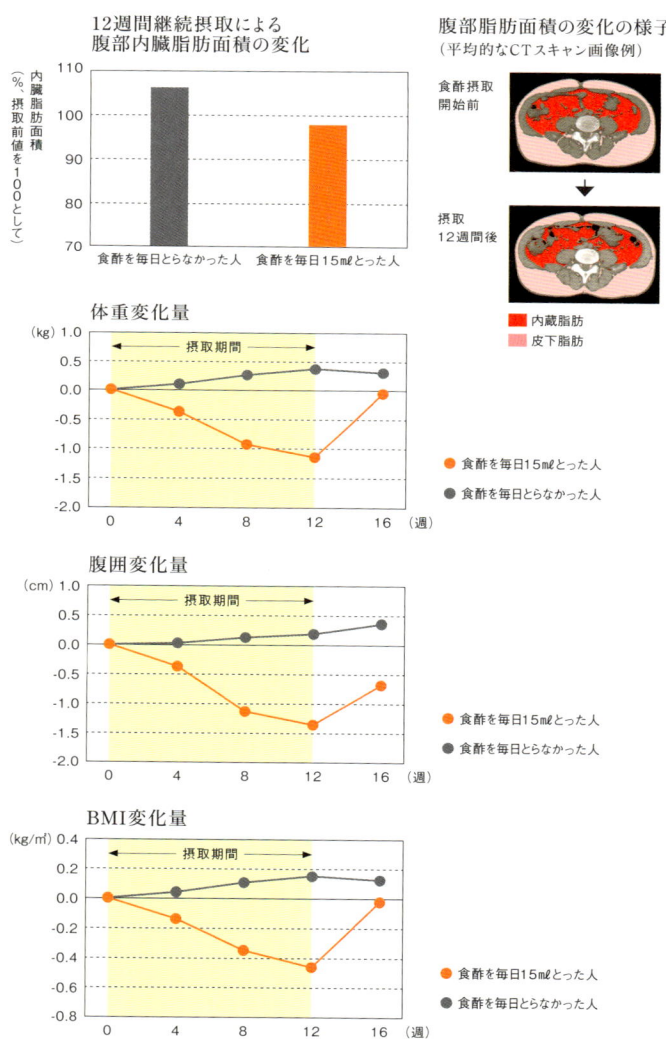

グラフは「Vinegar intake reduces body weight, body fat mass, and serum triglyceride levels in obese Japanese subjects」(Bioscience, Biotechnology, and Biochemistry73(8):1837-1843 2009)より作成
画像は同じ論文における実際の被験者のデータより作成

ミツカン社員のお酢とのつきあい方

一人暮らしでも、大きなボトルでお酢を買います。

この本にも載っているいろんなメニューを開発しました。いろいろな料理に使ってみると、おいしくなるものがたくさんあり、すごい調味料です。私自身、家での料理にもお酢をたくさん使います。もちろん、ボトルは900mlびんで購入。お酢はいろんな種類があって、それぞれ味わいも違うので、たくさんそろえて、いろんな料理で使い分けてます。きんぴらには必ずお酢を使うし、甘辛い料理にもお酢。野菜が余ると、いたむ前にすべてピクルスにします。すし酢はオリーブオイル、ごま油、黒こしょう、カレー粉などと合わせてドレッシング代わりにもします。豚バラブロック肉など、あぶらっこいお肉の煮込み料理に使ったら、すっきりとしておいしいといわれましたよ。

メニュー開発課　久保智美(20代)

お酢をこよなく愛する
お酢ラー推進委員会、発足!

お酢ラー推進委員会は、お酢をこよなく愛する"お酢ラー"が、お酢のおいしい使い方を広めたいと集まった、有志の会です。ラーメンにお酢、唐揚げにお酢、カレーにお酢は当然。ドリンク用のお酢は、かき氷やプリンにも使います。おいしいですよ。

メディアプロモーション課　加藤美侑(20代)

「肉にお酢」で、高級な肉に！

若い人がお酢をとらなくなってますが、若い人は肉をよく食べるのだから、もっと肉にお酢を使えばいいのにと思います。実は、お酢を入れて煮たり、焼いたりするだけで、肉がやわらかくジューシーになるんですよ。すっぱさは加熱で軽減します。意外に知られてないですね。

製品企画部　高口裕之（40代）

むずかしいサクサクの天ぷらを簡単に！

小麦粉にお酢を加えると、衣にねばり気が出るのを防ぎます。そのため、べたつかない、カラッとした天ぷらに仕上がります。衣500gに対して大さじ1のお酢を加えるといいですよ。

コーポレートコミュニケーション室　浅野修弘（40代）

体脂肪率が年々ダウン！まな板の除菌にも。

お酢ドリンクを週に3〜4回、コップに1杯飲むようになってから、入社後の健康診断で年々体脂肪率が低下。3年で3％程度ダウンしました。飲用以外でも、まな板の除菌などに使っています。

製品企画部　上高侑子（20代）

煮物も炒め物も、おいしくしてくれる。

かぼちゃの煮物にお酢を少し入れると、酸味は加熱されて飛びますが、味が引き締まっておいしいです。炒め物も、味が引き締まり、すごくおいしくなるのを知りました。

社長室　田中史恵（30代）

高めの血圧が下がります！

年齢とともに気になってくる高めの血圧。高血圧は命にかかわる病気を引き起こしかねません。昔から、言い伝えや経験談などで「お酢を食事にとり入れることで、高めの血圧を下げる効果がある」ということは知られてきましたが、近年、お酢と血圧の関係の研究が進められ、これが本当であることが科学的にも証明されました。

【ミツカンで行った試験の概要】
血圧が高め（最高血圧：130−159mmHg、最低血圧：85−99mmHg）の男女に食酢約15mlを含む飲料を1日1本（100ml）、10週間毎朝続けて摂取してもらったところ、多くの方で血圧は低下しました。10週間摂取後の平均低下率は、最高血圧で6.5%、最低血圧で8.0%でした。

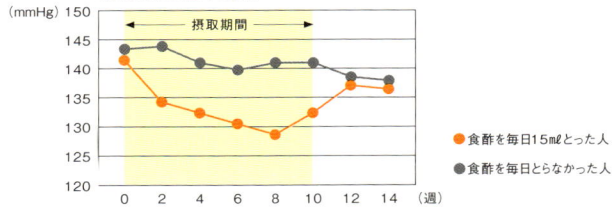

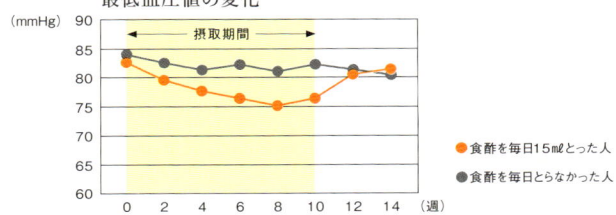

グラフは「食酢配合飲料の正常高値血圧者および軽症高血圧者に対する降圧効果」（健康・栄養食品研究 6(1)：51-68 2003）より作成

高めの血中中性脂肪値が下がります！

お酢を毎日大さじ1杯とることで、高めの血中中性脂肪値が低下することが科学的に証明されました。お酢の主成分である「酢酸」に、高めの血中中性脂肪を下げる働きがあるのです。血中中性脂肪は毎日の食生活に大きくかかわってきます。脂肪の多い食べ物を控えるのに加え、1日大さじ1杯のお酢をとることを習慣にしましょう。

【ミツカンで行った試験の概要】
肥満気味（BMI：25−30kg/m²）で平均血中中性脂肪が155.5mg/dl（正常値は150mg/dl未満）の男女に食酢約15mlを含む飲料を1日1本（500ml）、朝晩2回に分けて12週間毎日続けて摂取してもらったところ、多くの方で血中中性脂肪は減少し、平均減少率は18.2％でした。

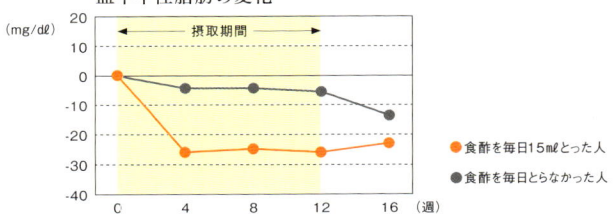

グラフは「Vinegar intake reduces body weight, body fat mass, and serum triglyceride levels in obese Japanese subjects」（Bioscience, Biotechnology, and Biochemistry 73(8): 1837-1843　2009）より作成

食後の血糖値の上昇を緩やかにします！

食事と一緒に大さじ1杯のお酢をとると、食後の血糖値が急上昇するのを防ぐ力があることが科学的に証明されました。食後は誰でも一時的に血糖値が上昇しますが、問題は、急激な上昇です。これが繰り返されると、糖尿病を引き起こしかねません。たった大さじ1杯のお酢がその上昇を緩やかにしてくれるなら、食事にとり入れない手はありませんね。

【ミツカンで行った試験の概要】
健常女性に食酢を約15㎖含む飲料、または、含まない飲料を100㎖摂取してからごはん（炊飯米）を食べてもらいました。その結果、2時間後まで多くの方の血糖値は食酢をとった場合に低く抑えられていました。血糖値の上昇ピークは食後30分でしたが、その平均上昇量は食酢をとらなかった場合の89%に留まっていました。

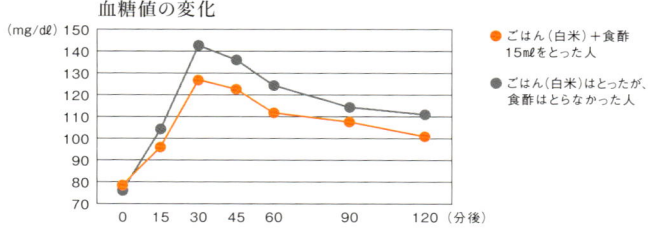

グラフは「健常な女性における食酢の食後血糖上昇抑制効果」（日本臨床栄養学会雑誌　27:321-325　2006）より作成

体内で吸収されにくいカルシウムを吸収しやすくします！

カルシウムは現代の日本人がどうしても不足しがちな栄養素。特に女性は、骨粗鬆症予防のためにも積極的にとりたいものです。でも、残念なことに、カルシウムは体内で吸収されにくいという特徴があります。そこで朗報です。お酢の主成分である酢酸には、カルシウムを体内に吸収しやすくする働きのあることが科学的に証明されています。お酢とカルシウムを一緒にとると、カルシウムの吸収率が上がるのです。カルシウムを多く含む牛乳にお酢を混ぜて飲んだり、骨つきの肉や魚を煮るときにお酢を加えるなどしてみましょう。

【ミツカンで行った試験の概要】
骨粗鬆症のモデルとなる動物を、食酢を含んだ餌で32日間継続して飼育しました。その結果、食酢添加量に応じて見かけのカルシウム吸収率が増加し、食酢を1.6%添加した場合には食酢なしの1.17倍であることが確認されました。
※見かけのカルシウム吸収率：食事として摂取したカルシウムのうち体内に吸収された量を計算で出した割合

毎日、私はお酢生活。
弟の血圧も改善。

家では穀物酢をシンクの下に常備して、キッチンまわりの掃除や湯のみの茶しぶとりに使い、会社では調味酢を冷蔵庫に常備して、お弁当にかけて食べるなど、毎日何かにお酢を使っています。家族にもお酢をすすめています。血圧の数値が気になるといっていた弟にお酢ドリンクをすすめたところ、毎日飲むようになり、そのおかげか、高めの血圧が下がったそうです。

メディアプロモーション課　百瀬友美（30代）

「マヨネーズ減らして、
お酢を増やす」でヘルシー！

ポテトサラダにマヨネーズをあえる前にお酢を混ぜてしっとりさせておくと、マヨネーズの量が減らせるのでヘルシーになります。

MD企画部　田中早希子（30代）

焼き魚にお酢。

しょうゆにお酢を加えて、焼き魚につけて食べています。

製品企画部　栗山加奈（30代）

スパイス×お酢は、相性抜群！

黒こしょう、マスタード、唐辛子、わさび、カレーパウダー……お酢とスパイスを掛け合わせてオリジナルのつけだれを作ります。塩分やカロリーも低減できます。

メディアプロモーション課　橋中庸哲（40代）

スポーツドリンクは、オリジナル。

夏場に、果汁入りのサワードリンクを作って、スポーツするときに飲んでます。

製品企画部　和田悠（30代）

ジョギング前の、お酢ドリンク。

走る前に、お酢ドリンクを水で薄めて1杯飲みます。今では、お酢を飲んで走らないと、物足りない感じ。とにかく調子よく走れる印象です。ダイエット生活のおともとして必須かな。

MD企画部　牟田朋樹（20代）

台所の油よごれにお酢。

重曹といっしょに、お酢を使います。
製品企画部　清土健太郎（20代）

ビールにもお酢！

ビールに、ドリンク用の甘い黒酢を入れて飲んでます。
コーポレートコミュニケーション室　今村浩二（20代）

なんでもお酢。

カレーライスのごはんは酢めしにするし、焼きそばの仕上げにもお酢を入れるし、冷やしうどんのつゆにも入れます。
東京支店　正村晃一（40代）

「豚のさっぱり焼き」は、応用力抜群！

「豚のさっぱり焼き」は、翌朝、キャベツの千切りを敷き、マヨネーズをかけたトーストにのせてもおいしく食べられます。また、細かく刻んで焼きそばに入れてもおいしいです。
製品企画部　梶原洋平（30代）

疲れたからだを癒します！

お酢を糖分と一緒にとると、からだのエネルギー源のひとつであるグリコーゲンを効率的に再補充し、疲労が回復することが実証されています。お酢のパワーが疲れをやさしく癒してくれるのです。疲れたのでちょっとひとやすみ……そんなときにはお酢にはちみつを加えたドリンクでホッとしながら元気をチャージ！

【ミツカンで行った試験の概要】
疲労するまで遊泳運動させた実験動物に食酢の主成分である酢酸、グルコース（糖分）、酢酸＋グルコースのいずれかを与え、2時間後の肝臓中のグリコーゲン（グルコースから作られるエネルギーの貯蔵物質）量を測定しました。酢酸やグルコースを与えた場合には大きな変化がなかったものの、酢酸＋グルコースを与えた場合だけはグルコースの場合の3.5倍であったことが確認されました。

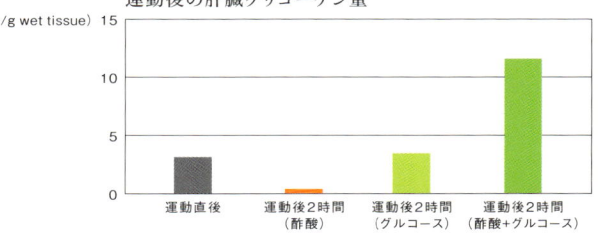

グラフは「Effect of acetate on glycogen replenishment in liver and skeletal muscles after exhaustive swimming in rats.」(Scandinavian Journal of Medicine & Science in Sports 11：33-37 2001)より作成

食欲を増進し、消化を助けます。夏バテ対策にも！

食欲がないときでもさっぱりしたものなら食べられる。これは誰もが経験のあることではないでしょうか。お酢は適度な酸味がさっぱり感を与え、食欲増進のお手伝いをしてくれます。また、唾液と胃液の分泌を促し、食べ物の消化吸収を助けます。夏バテの予防にもお酢のチカラが役立ちます。

塩の代わりに使って、おいしく減塩。ヘルシー生活の味方！

日本人は世界的にみても食塩摂取量が多く、1日約11g[※1]くらいとっています。しかし、減塩目標は1日、成人男性で9.0g未満、成人女性で7.5g未満[※2]です。そこでお酢のチカラを借りることを提案します。お酢には、料理全体の味を上手に引き立てる効果があります。だから、食塩を使う量を少なくしても味がぼやけたりしないで、おいしくいただけます。高血圧の大きな原因のひとつが食塩なので、お酢をその代わりに利用することで、減塩につながり、高血圧対策になるのです。ちなみに「あんばい（塩梅）」とは塩味（塩）と酸味（梅酢）の関係を表した言葉。塩と梅酢で調整すると、塩味がまろやかになって「いいあんばい」の味になるということから、料理の味加減をはじめ、ものごと全般の具合や加減を意味するようになったそうです。

（※1）平成21年国民健康・栄養調査結果の概要　健康局総務課生活習慣対策室
（※2）日本人の食事摂取基準（2010年版）

お肉がやわらかくなります

お酢にはお肉のタンパク質を分解し、やわらかくする作用があります。また、骨つき肉の身離れをよくするチカラもあります。

素材のカルシウムを引き出します

お酢には食べ物に含まれるカルシウムを引き出すチカラがあります。いわしや小あじなどをお酢で煮ると、骨までやわらかくなってカルシウムが溶け出します。ですから、カルシウムを無駄なくいただくことができるのです。

魚のくさみをおさえます

お酢には魚のくさみを消してくれる働きがあります。調理前に酢水で洗ったり、煮るときの仕上げにお酢を加えるなどしてみましょう。もともとのくさみの成分はアルカリ性。酢の酸性で中和されるので、魚の生ぐささがおさえられるのです。

こってりした料理をさっぱり味にします

こってりした料理にお酢を入れると、あぶらっこさが和らいでさっぱりといただけます。これは、お酢を入れることによってあぶらの粒子が小さく分散するためです。

素材の色を鮮やかに。また、より白くします

みょうがやしょうがを酢漬けにするときれいなピンク色になります。これは、みょうがやしょうがが持っているアントシアニンが酢に反応して起きる現象です。また、ごぼうやれんこんなど、アクの強い野菜は、酢水にさらしたり、ゆでるときにお酢を加えると白く仕上げることができます。

さといもなどのぬめりをとります

お酢にはさといもや貝類などのぬめりをとる働きがあります。ぬめりの成分である糖タンパク質がお酢によって沈殿するからです。さといもなら2ℓのお湯にお酢大さじ2杯を加え、4～5分ゆがいて水にさらします。貝類はお酢と水同量の酢水で洗います。

サラダの味つけにすし酢。

ポテトサラダやコールスローなどの味つけに、すし酢を使うとおいしい！

情報システム部　山崎里紗（20代）

スープにお酢。

作り置きの野菜スープに、少しお酢を入れます。

メニュー開発課　小玉理代（20代）

こしょう入りのつけだれ。

お酢に、たっぷり山盛りの黒こしょうをたしたつけだれがおいしいです。ぎょうざにもおすすめ。

メディアプロモーション課　村重祐介（30代）

メニューは、ミツカンの資産です。

ミツカンでは、メニューを資産と考え、その開発に力を入れています。管理栄養士や主婦をはじめ、様々なメンバーが、日々試作と試食をくり返し、暮らしにもっと役立つメニュー作りに邁進しています。

メニュー開発課　髙取順（50代）

お酢についての素朴な疑問

知っているようで実は知らない……。
そんなお酢についての素朴な8つの疑問に答えます。

Q お酢を飲むとからだがやわらかくなるってホント?

A お酢がからだをやわらかくするというのは残念ながら俗説です。科学的なデータはありません。お酢の主成分である酢酸が、骨のカルシウム分を溶かし、骨をやわらかくするということからきているのかもしれませんね。あくまでも調理上のお話です。

Q お酢を加熱しても成分は変わらない?

A 加熱するとお酢の主成分である「酢酸」は多少減りますが、加熱することでお酢のツーンとした香りが飛び、まろやかになり、食べやすくなります。お酢のツーンとした感じが苦手な人は、加熱してとり入れましょう。

Q お酢にはアルコールが入っているの?
子どもがとっても大丈夫?

A お酢の原料のアルコールは、さとうきびやタピオカなどを主原料として、発酵させてつくられたアルコールです。醸造工程でアルコールはお酢に変わります。お酢の中に残っているアルコール濃度は0.2%程度とごく微量のため、お子さんでも問題ありません。

Q 醸造・熟成期間の長いお酢が高品質?

A 醸造・熟成期間の長いもののほうが品質がいいとは限りません。ミツカンでは、より優れた品質のお酢をお届けできるよう、製品ごとにその特性に最適な期間を設定し、製造しています。

Q 忙しい人は、1週間分まとめてとってもいい?

A 人間は寝だめも食いだめもできませんよね。お酢をとるのも同じです。健康維持や生活習慣改善のためには、毎日続けて大さじ1杯のお酢をとりましょう。どう考えても1回で105mℓ（15mℓ×7日間）のお酢をとるなんて無理ですし。

Q お酢はたくさんとってもいいの?
1日大さじ1杯以上でも大丈夫? 上限はない?

A 上限はありません。たくさんとっていただいて、害になることはありません。ただ、そのまま飲むことは禁止です。必ずお水などで5〜10倍を目安に薄めて飲みましょう。

Q お酢にはどんな種類があるの?

A お酢には原料や製造方法にさまざまな種類があります。食酢品質表示基準によると「醸造酢」と「合成酢」に分類されます。醸造酢の中には、穀物酢と果実酢があり、さらに米酢、米黒酢、りんご酢などに分けられます。種類の詳細や使い分けについては14ページを参照してください。

Q お酢の保管のしかたは?
開封したらどれくらいもつ?

A 直射日光を避けて、冷暗所で保存してください。開封したら冷蔵庫での保存をおすすめします。キャップを必ず閉めて、立てて保存を。開封後は、保存状況によるので一概にはいえませんが、賞味期限内であれば、穀物酢や米酢は冷蔵庫での保存で1年が目安。黒酢は冷蔵庫での保存で半年以内を目安に使いましょう。

お酢の種類と使い方

原料によって味も香りもさまざまな種類があるお酢。
それぞれの特徴を知って、それに合った使い方をすれば、お酢はいっそう個性を発揮して、
おいしさの世界を広げてくれます。

穀物酢

◎味の特徴
すっきりとした酸味。お酢で肉や魚を煮ると、肉も骨もやわらかく仕上がります。
◎合う料理
鶏のさっぱり煮、酢豚、お米の炊飯、あじの酢煮など。

米酢

◎味の特徴
まろやかな酸味。お米のまろやかな風味で、料理がおいしく仕上がります。
◎合う料理
酢の物、手巻きずし、カップずしなど。

黒酢

◎味の特徴
コクのある酸味。アミノ酸などのうまみ成分を豊富に含んでいるので、まろやかな味わいです。
◎合う料理
水や炭酸水、牛乳などで割ったサワードリンク。中華料理のあんかけなど。

果実酢（写真はりんご酢）

◎味の特徴
フルーティーな酸味。手作りドリンクやドレッシングにぴったりです。
◎合う料理
水や炭酸水、牛乳などで割ったサワードリンク。デザートやドレッシングなど。

ワインビネガー（写真は白）

◎味の特徴
ぶどう果汁またはワインを原料としてつくるお酢。白はクセがなく、軽い口あたり。赤はコクがあってやや渋めの酸味。
◎合う料理
白はサラダやマリネ、ピクルスなど。赤は煮込み料理やソースなど。

本書のレシピの使い方

- 写真の横の大さじマークと数字は、その料理で使用した1人分のお酢の量です。この数字を見ながら、1日大さじ1杯のお酢がとれるよう、メニューを上手に組み合わせましょう。
- ★は編集部がその料理を実際に食べたときに感じた「すっぱい度」で、お酢の使用量と必ず比例しているわけではありません。★の数は1から最高3つまで。
  ★はかすかに酸味を感じるが、すっぱいのが苦手な人でも気にならない程度。
  ★★は食べたときにすぐ「お酢が入っている」とわかるほど、酸味を感じるもの。
  ★★★は食べたときに顔が少しゆがむくらい酸味を感じるもの。お酢好きにはたまらない味ですが、すっぱいのが苦手な人はお酢の量を減らしてみましょう。
- レシピには、穀物酢や米酢、黒酢などとその料理にいちばん合うお酢の種類を明記していますが、該当するお酢がなければ、自宅にある別のお酢を使っても構いません。それで新しい味の発見があるかもしれません。
- 調理時間に、ごはんを炊く時間やピクルスを漬けている時間などは含んでいません。実際に調理の作業をする時間を表しています。5分以内、10分以内、20分以内、30分以内に分け、それぞれを「5分」「10分」「20分」「30分」で表記しています。
- 材料の分量の表示で、大さじ1は15ml、小さじ1は5ml、1カップは200mlです。

おいしさ引き立つ肉料理

ミツカンが提案したいのが、「肉料理に、もっとお酢を!」。
お酢を使うと、肉がやわらかくなったり、味に深みが増したり、
油分が分解されてさっぱりしたり……と、いいことだらけなのです。
肉をおいしくするお酢のメニューは酢豚のような"お酢の定番"料理だけでなく、
たくさんあるので、ぜひ、あなたの「新定番」にしてください。
見た目も豪華で、パーティーや"特別な日"にもぴったりのメニューが勢ぞろい。
"お肉にお酢"。──これを知らないと、あなたの舌も、あなたのからだも損をしますよ!

1人分の使用量 → 大さじ 3 1/3

鶏のさっぱり煮 ★★

材料(2人分)
鶏手羽元 8本
ゆで卵 4個
ブロッコリー 適量
しょうが 10g(約1片)
にんにく 1片
［調味料］
　穀物酢 ½カップ
　しょうゆ ½カップ
　水 ¼カップ
　砂糖 大さじ3

作り方
1 手羽元はよく水気を拭いておく。
2 しょうがは皮つきのまま薄切りにする。
　にんにくは軽くつぶす。
3 鍋に［調味料］と1、2を入れ、煮立たせる。
4 小さい器に殻をむいたゆで卵を入れ、3の汁を卵がひたる
　くらいまで入れて10分ほどおき、色と味をしみ込ませる。
5 3にふたをして中火で15分煮る。
6 4の卵を半分に切り、5と塩ゆでしたブロッコリーと一緒に
　器に盛る。

調理時間30分、1人370kcal
※子どもからおとなまで、人気絶大のメニューです。ごはんがすすみます！
※鶏手羽元の骨に沿って切り込みを入れておくと、食べやすくなります。

1人分の使用量 大さじ 1/3

肉団子の甘酢あん ★★

材料（2人分）
豚ひき肉　200g
［調味料1］
　長ねぎ（みじん切り）　1/3本
　しょうが（みじん切り）　10g
　酒　小さじ1 ／ しょうゆ　小さじ1/2
片栗粉　適量
［調味料2］
　しょうゆ　大さじ1強 ／ 砂糖　大さじ1弱
　穀物酢　大さじ2/3
　しょうが（みじん切り）　大さじ1/2
　赤唐辛子（小口切り）　1本 ／ 水　大さじ2/3
なす　60g（約1/2本）
パプリカ（赤・黄）　各30g（約1/6個）
長ねぎ　1/5本
［水溶き片栗粉］
　片栗粉　大さじ1 ／ 水　大さじ1
揚げ油　適量

作り方
1　ボウルに豚ひき肉と［調味料1］を入れ、
　　なめらかになるまでこねる。
2　1を丸めて片栗粉を軽くまぶす。なすとパプリカは
　　一口大に切り、170℃の揚げ油で素揚げし、
　　肉団子はカラリとなるまで約3分間揚げる。
3　平鍋に［調味料2］を煮立て、［水溶き片栗粉］を入れて
　　2をからめる。
4　長ねぎは4cmの長さの白髪ねぎにし、
　　水につけてパリッとさせ、水気をきる。
5　器に3を盛り、4をのせる。

調理時間20分、1人314kcal
※お弁当にもおすすめのメニューです。
※パプリカを入れなくても十分においしいですが、彩りがよくなります。

1人分の使用量 大さじ1

黒酢豚 ★★★

材料(2人分)
豚ロース肉(とんかつ用など) 150g
しょうゆ 大さじ½
こしょう 少々
[衣]
　溶き卵 ½個分 ／ 片栗粉 ⅙カップ
玉ねぎ ¼個
パプリカ(赤) ¼個
アスパラガス(グリーン) 1と½本
揚げ油 適量
サラダ油 大さじ½
[甘酢]
　黒酢 大さじ2 ／ しょうゆ 大さじ2
　砂糖 大さじ3 ／ 水 ¼カップ
[水溶き片栗粉]
　片栗粉 大さじ½ ／ 水 大さじ½

作り方
1 2cm幅に切った豚肉はしょうゆとこしょうで下味をつけ、[衣]をつけて揚げる。
2 玉ねぎとパプリカは一口大の乱切りにする。アスパラガスは5cmの斜め切りにし、素揚げする。
3 フライパンにサラダ油を入れ、玉ねぎとパプリカを炒める。[甘酢]の調味料を入れて、煮立ったら[水溶き片栗粉]でとろみをつける。
4 1とアスパラガスを加えてからませる。

調理時間20分、1人445kcal
※コクのある黒酢の酸味がよくきいていて、お肉のうまみも出ています。

1人分の使用量 大さじ 1 1/2

羽根つきぎょうざのごま黒酢だれ ★★

材料(2人分)
豚ひき肉 100g
キャベツ 1と1/2枚
長ねぎ 1/4本
しょうが 1/2片
にんにく 1/2片
[調味料]
　しょうゆ 大さじ1/2 ／ 酒 大さじ1/2
　ごま油 大さじ1/3 ／ 塩 適量 ／ こしょう 適量
ぎょうざの皮 12枚
サラダ油 大さじ1
[小麦粉水]
　水 1/4カップ ／ 小麦粉 小さじ1
[黒酢だれ]
　黒酢 大さじ1 ／ しょうゆ 大さじ1
[ごま黒酢だれ]
　黒酢 大さじ2 ／ すりごま(白) 大さじ1/2
　しょうゆ 大さじ1/2 ／ 砂糖 小さじ1/2

作り方
1 キャベツはみじん切りにしてボウルに入れ、塩(分量外)少々をふってしばらくおき、よくもみ込んで水気をしっかりしぼる。長ねぎ、しょうが、にんにくはみじん切りにする。
2 豚ひき肉を別のボウルに入れ、[調味料]を入れて粘り気が出るまでよく練り混ぜ、キャベツと長ねぎ、しょうが、にんにくを加えてよく混ぜ合わせ、12等分する。
3 ぎょうざの皮の中央に2のあんの1個分をのせ、皮の周囲に小麦粉水をつけ、端からつまむようにひだをつけて包んでとめる。
4 フライパンにサラダ油を強めの中火で熱し、ぎょうざを入れてしばらく焼きつける。小麦粉水を入れ、すぐふたをして弱火にし、2～3分ほど蒸し焼きにする。
ふたをとってやや強火にして水気を完全に飛ばす。
5 [黒酢だれ][ごま黒酢だれ]の各材料を混ぜ合わせてたれをつけて、いただく。

調理時間30分、1人348kcal
※つけだれにお酢を入れるだけではなく、酢大さじ1ほどをぎょうざのあんに入れると、お肉のくさみ消しになります。

1人分の使用量 ● 大さじ 3/4

牛たたきのにんにくじょうゆがけ ★

材料(2人分)
牛もも肉(かたまり) 250g
[調味料]
　穀物酢 大さじ1と½
　酒 大さじ½
　しょうゆ 大さじ⅔
　砂糖 大さじ¼
塩 少々
こしょう 少々
にんにく ½片
サラダ油 大さじ½
きゅうり ½本
にんじん ¼本
貝割れ大根 ¼パック
万能ねぎ 適量
しょうが ½片

作り方
1 牛肉はかたまりのまま塩、こしょうをすり込んでおく。[調味料]を合わせ、すりおろしたにんにくを加える。
2 フライパンにサラダ油を熱して牛肉を入れ、転がしながら全体を強火で色よく焼きつける。1の[調味料]の½量をかけ、ふたをして弱火で8～10分焼く。牛肉が少し冷めてから薄切りにする。
3 2のフライパンに残りの[調味料]を入れてひと煮立ちさせ、上からかけるたれを作る。
4 きゅうりとにんじんを千切りにして冷水にさらし、パリッとさせる。根元を切った貝割れ大根とともに器に盛って肉をのせ、3をかけて、おろしたしょうがを添え、細かく切った万能ねぎをちらす。

調理時間30分、1人289kcal

1人分の使用量 ▶ 大さじ 1/4

豚のごまだれ冷しゃぶ

材料(2人分)
豚肉(しゃぶしゃぶ用) 150g
サラダ菜 4枚
きゅうり ½本
みょうが 1個
セロリ ½本
青じそ 適量
[ドレッシング調味料]
　練りごま(白) 大さじ1と½
　しょうゆ 大さじ1と½
　穀物酢 大さじ½
　酒 大さじ½
　砂糖 小さじ½
　からし 小さじ1

作り方
1 サラダ菜は食べやすい大きさにちぎる。きゅうりは薄切りにする。みょうがは縦半分に切ってから薄切りにして、酢水(材料外)にさらし、水気をきる。セロリは長さ4cmの薄切りにする。
2 [ドレッシング調味料]を混ぜる。
3 豚肉は2ℓのお湯に酢½カップ(材料外)を加えた中で約30秒(豚肉が白くなったらOK)ゆでて、冷水にとり、水気をきる。
4 器に1の野菜を盛り、その上に3の豚肉をのせ、2をかける。千切りにした青じそをのせ、お好みでごまをふる。

調理時間20分、1人309kcal
※さっぱりとしながらこうばしさが際立つごまだれです。
※食欲の落ちる夏でも箸がすすみそうです。

1人分の使用量 大さじ 1 2/3

焼き豚の赤ワインとお酢煮込み

材料（2人分）
豚肩ロース肉（かたまり）　175〜200g
塩　少々
こしょう　少々
サラダ油　大さじ¼
赤ワイン　½カップ
［A］
　穀物酢　¼カップ
　しょうゆ　大さじ5
　はちみつ　大さじ2
にんにく　½片
八角　1個
長ねぎ（白髪ねぎ）　適量
クレソン　適量
糸唐辛子　適量

作り方
1　豚肉は塩、こしょうをまぶし、サラダ油を熱した鍋で
　　こんがりと焼き色をつけて、一度とり出す。
2　1の鍋に赤ワインを入れてアルコールを飛ばし、
　　［A］とつぶしたにんにく、八角を加えて、肉を戻し入れる。
　　ふたをして、ときどき上下を返しながら中弱火で15〜20分ほど
　　煮たら火を止めて、味をしみ込ませる。
3　肉を食べやすい大きさに切り分け、白髪ねぎやクレソンなどの
　　野菜と一緒に盛りつけ、糸唐辛子をのせる。

調理時間30分、1人553kcal
※お祝い事やパーティーにも大活躍のメニューです。
※お酢を加えることで、普通のワイン煮込みよりお肉がやわらかく、
おいしく仕上がります。

1人分の使用量 大さじ 1 1/4

鶏のビネガークリーム煮 ★★

材料（2人分）
鶏もも肉（大） 1/2枚
［調味料1］
　塩 少々／こしょう 少々
　タイム 少々
マッシュルーム 8個
玉ねぎ 1/2個
パプリカ 適量
バター 10g
小麦粉 大さじ1と1/2
白ワインビネガー 大さじ2と1/2
［調味料2］
　コンソメ（固形） 1/2個
　水 3/4カップ
　牛乳 3/4カップ
　塩 少々／こしょう 少々
パルメザンチーズ 大さじ2
パセリ 適量

作り方
1　鶏もも肉は一口大に切り、［調味料1］をふりかける。マッシュルームは半分に切る。
2　玉ねぎは5mm幅、パプリカはくし形に切る。
3　鍋にバターを熱して玉ねぎを炒め、透き通ってきたら1とパプリカを加えて炒め合わせる。
4　3に小麦粉を入れてまんべんなく炒めて、白ワインビネガーを加える。
5　4に［調味料2］を加えてとろみがつくまで煮込み、パルメザンチーズを加える。
6　5を器に盛り、パセリをちらす。

調理時間30分、1人384kcal
※こってりしたクリーム煮も、お酢を加えることで味が引き締まって、さっぱりとした風味に。女性に大人気のメニューです。
※煮込む前にお肉に焼き目をつけておくと、うまみを逃しません。

1人分の使用量 大さじ 1 1/6

さっぱりトンテキ ★★

材料(2人分)
豚ロース肉(とんかつ用など) 2枚
にんにく 1片
サラダ油 適量
[調味料]
　しょうゆ 大さじ2
　砂糖 大さじ2
穀物酢 大さじ2
キャベツ 適量
みょうが 1個
青じそ 1枚
ミニトマト 4個
白ワインビネガー 小さじ1
塩 適量

作り方
1 豚肉は1.5cm幅の切り込みを入れる。にんにくはスライスする。
2 フライパンにサラダ油とにんにくを加え火にかける。にんにくの香りが出たらとり出し、豚肉を焼く。きつね色に焼けたら裏返す。
3 2のにんにくを戻し入れ、[調味料]を加えてからませ、最後に穀物酢を加える。
4 キャベツとみょうが、青じそを千切りにして混ぜ、横半分に切ったミニトマト、3とともに盛りつける。キャベツの千切りに白ワインビネガーと塩をふる。

調理時間20分、1人418kcal
※お肉はすっぱくありませんが、お酢としょうゆでしっかりと味がついているので、ごはんがすすみます。

1人分の使用量 大さじ 1/2

豆腐ハンバーグ薬味ソース ★★

材料(2人分)
木綿豆腐　180g
豚ひき肉　100g
玉ねぎ　1/2個
卵　1/2個
塩　少々／こしょう　少々
サラダ油　適量
[ソース調味料]
　しょうが(みじん切り)　1/2片
　長ねぎ(みじん切り)　1/2本
　にんにく(みじん切り)　1/2片
　黒酢　大さじ1
　しょうゆ　大さじ1と1/2
　砂糖　大さじ1/2
　ごま油　大さじ1/2
ミニ玉ねぎ　4個
にんじん(輪切り)　4cm
スナップえんどう　6個

作り方
1　豆腐はよく水気をきっておく。玉ねぎはみじん切りにする。
2　ボウルに1と豚ひき肉、卵、塩、こしょうを入れてよく練る。
　　2等分し、小判形に整える。
3　フライパンにサラダ油を熱し、2を中火で焼く。
　　片面が焼けたら返して、弱火にしてふたをし、完全に火を通す。
4　[ソース調味料]は材料をよく混ぜ合わせ、
　　焼きたてのハンバーグにかける。ソテーしたミニ玉ねぎとにんじん、
　　スナップえんどうを添える。

調理時間30分、1人342kcal

1人分の使用量 → 大さじ 2 1/6

牛肉のマリネステーキ ★★

材料(2人分)
牛ランプ肉 2枚
セロリ 1/2本 ／ 玉ねぎ 1/4個
白ワインビネガー 1/4カップ
サラダ油 適量
小麦粉 適量
塩 適量 ／ こしょう 適量
にんにく(みじん切り) 1/2片
アンチョビ(みじん切り) 1/2片
ケッパー(みじん切り) 大さじ2/3
パセリ(みじん切り) 大さじ1/2
[調味料]
　赤ワイン 大さじ1と1/2
　白ワインビネガー 大さじ1
[つけ合わせ]
　じゃがいも 適量 ／ にんじん 適量
　揚げ油 適量
　塩 少々 ／ こしょう 少々

作り方
1. ランプ肉などのステーキ用肉に塩、こしょう各少々をすり込む。セロリと玉ねぎをすりおろし、白ワインビネガー、肉と一緒にポリ袋に入れ、空気を抜いて口をしばり、30分ほど漬ける。
2. 肉の汁気をきって、再び軽く塩、こしょうをし、小麦粉をまぶす。フライパンにサラダ油を熱し、肉を入れて両面を焼く。肉が焼けたら、にんにく、アンチョビ、ケッパー、パセリを[調味料]に加えて肉にからめる。肉だけをとり出し、残りはそのまま煮詰めてソースに。
3. [つけ合わせ]のじゃがいもとにんじんは薄くスライスし、多めの油で揚げ焼きにし、熱いうちに塩、こしょうをふる。
4. 器に肉を盛り、煮詰めたソースをかけ、3を添える。

調理時間30分、1人437kcal

1人分の使用量 大さじ 1/4

ミートローフ バジル酢ソースがけ ★★

材料(2人分)
[A]
　合いびき肉　300g
　玉ねぎ(みじん切り)　1/4個
　卵　1個 ／ パン粉　1/2カップ
　塩　小さじ1/2 ／ 粗びき黒こしょう　少々
　ナツメグ　少々
玉ねぎ　1/4個 ／ バジル(生)　2〜3枚
バター　5g
[調味料]
　砂糖　大さじ1/2
　しょうゆ　大さじ1/2
　米酢　大さじ1/2
　粒マスタード　小さじ1
[つけ合わせ]
　ベビーリーフ　適量
　パプリカ(黄)　適量

作り方
1　ボウルに[A]を入れ、よく混ぜる。
2　トースターの天板にクッキングシートをしき、1の肉をドーム形に
　　整えてのせ、20〜25分焼く。
　　途中焦げそうならアルミホイルをかぶせる。
3　フライパンにバターを熱し、みじん切りにした玉ねぎを炒め、
　　[調味料]を加えて煮詰め、火を止めてちぎったバジルを加える。
4　2の肉に残ったバジルをのせ、[つけ合わせ]の野菜を
　　食べやすい大きさに切って添える。
　　3のソースをかけていただく。

調理時間30分、1人580kcal
※一見むずかしそうに思えるミートローフですが、実は材料をこねて
オーブンに入れるだけで完成してしまうお手軽料理です。
※ソースに酸味があり、バジルの香りが際立ちます。

1人分の使用量 大さじ 1 2/3

酢で煮たエスニック風スペアリブ

材料(2人分)
豚スペアリブ　400g
しょうが　適量
［調味料］
　にんにく　½片
　しょうが(薄切り)　½片
　黒砂糖　大さじ½
　砂糖　大さじ2と½
　しょうゆ　大さじ2
　鶏ガラスープの素(顆粒)　小さじ½
　米酢　¼カップ
　赤唐辛子(小口切り)　½本 ／ 黒こしょう　適量
　水　1と½カップ
　ナンプラー　大さじ1
［つけ合わせ］
　パプリカ(黄)　適量 ／ セロリ　適量
　にんじん　適量 ／ ミニトマト　適量

作り方
1　湯を沸かした鍋にしょうがを入れて、
　　豚スペアリブをさっとゆでて洗い、あぶらを落とす。
2　鍋に［調味料］を入れて煮立てて、1を入れ、
　　落としぶたをして汁気がなくなるまで煮る。
3　器に2を盛る。［つけ合わせ］のパプリカは細切り、
　　セロリとにんじんはスティック状にし、ミニトマトと一緒に
　　添える。

調理時間30分、1人953kcal
※ 普通は甘じょっぱいスペアリブが、スパイシーでさっぱり系の味になっています。お酢と唐辛子は、とてもよく合います。

1人分の使用量 大さじ 1/2

中華風ローストチキン

材料（2人分）
鶏もも肉　1枚
［調味料1］
　　しょうが（薄切り）　1/3片
　　長ねぎ（ぶつ切り）　3cm
　　しょうゆ　大さじ2　／　グラニュー糖　大さじ1/3
　　八角　1/3個　／　水　大さじ2強
［調味料2］
　　米酢　大さじ1/3　／　ごま油　大さじ1/3
　　水あめ　小さじ1/2
［調味料3］
　　しょうが（みじん切り）　1/3片
　　長ねぎ（みじん切り）　3cm
　　にんにく（みじん切り）　1/3片
　　しょうゆ　大さじ1
　　米酢　大さじ2/3　／　ごま油　小さじ1/3
　　砂糖　小さじ1/3　／　こしょう　少々
クレソン　適量

作り方
1. 鶏もも肉は余分な脂肪をとり除き、下味用の香味野菜（材料外）と［調味料1］を煮立たせた鍋に入れ、中火で5〜6分煮る。
※下味用の香味野菜はにんじん、セロリ、玉ねぎなどの残ったものを利用してください。
2. 1の鶏肉をとり出して汁気をきり、［調味料2］を合わせてはけで塗り、皮を上にして220℃のオーブンでこんがりときれいな焼き色がつくまで約10分間焼く。
3. ［調味料3］をよく混ぜる。
4. 2の鶏肉を食べやすい大きさに切って器に盛り、3をかけ、クレソンを添える。

調理時間30分、1人320kcal

1人分の使用量 → 大さじ 2 4/5

ゆで鶏と大根の薬味ソース ★★

材料(2人分)
鶏もも肉 ½枚
[調味料]
　長ねぎ 2.5cm
　穀物酢 ¼カップ
　酒 大さじ1
　しょうが ½片
　水 4と½カップ
大根 ⅛本 ／ 大根の葉 適量
貝割れ大根 適量
[ドレッシング調味料]
　にんにく(みじん切り) ½片
　長ねぎ(みじん切り) ⅛本
　しょうが(みじん切り) 5g
　穀物酢 大さじ2と¼
　しょうゆ 大さじ1と½
　ごま油 大さじ½
　砂糖 小さじ½

作り方
1 鍋に鶏もも肉と[調味料]を入れ、火にかけてアクをとりながら20分ほどゆでる。
2 1をゆで汁につけたまま冷まして水気をきり、食べやすい大きさに切る。
3 大根は千切りにし、水にさらしてパリッとさせて水気をきる。
4 [ドレッシング調味料]を合わせておく。
5 皿に3を盛り、大根の葉を細く切ったものをちらしたら、2をのせる。4をかけ、貝割れ大根をのせる。

調理時間30分、1人233kcal

揚げない酢鶏の玉ねぎピクルス煮 ★★

材料(2人分)
鶏もも肉 1枚
しょうゆ 大さじ½
酒 大さじ1
片栗粉 適量
サラダ油 適量
玉ねぎのカレーピクルス(P.82参照) 100g
ピクルスの液 大さじ3

作り方
1 鶏もも肉は一口大に切り、しょうゆと酒を合わせたものに30分ほど漬ける。
2 1に片栗粉をまぶし、多めのサラダ油を熱したフライパンで焼く。火が通ったら、玉ねぎのピクルスと液を加え、とろみがつくまで煮詰める。

調理時間20分、1人557kcal
※揚げていないのに、この作り方だと、まんぷく具合といい、食感といい、揚げたような満足感がありますよ。
※ここでのピクルスはカレー味を使っていますが、それ以外のものを使ってもおいしいです。

1人分の使用量 大さじ 約1

1人分の使用量
● 大さじ
1/6

変わり青椒肉絲（チンジャオロース） ★

材料(2人分)
牛ロース肉(薄切り)　100g
[調味料]
　ごま油　大さじ½
　片栗粉　大さじ½
　砂糖　小さじ1
　米酢　小さじ1
かぼちゃ　60g
ごぼう　¼本
にんじん　¼本
セロリ　¼本
アスパラガス(グリーン)　1本
オイスターソース　小さじ½
しょうゆ　大さじ⅔
サラダ油　適量
いりごま(白)　適量

作り方
1　牛ロース肉は4cmの長さの細切りにする。
　　[調味料]を合わせて、牛肉を漬けておく。
2　かぼちゃ、ごぼう、にんじん、セロリは4cmの長さの千切りにする。
　　アスパラガスはゆでてそぎ切りにする。
3　フライパンにサラダ油を熱して1を炒め、火が通ったらとり出す。
4　フライパンにサラダ油をたして2を炒める。火が通ったら3を戻して、
　　オイスターソースとしょうゆを入れる。
5　器に盛り、ごまをふる。

調理時間20分、1人248kcal
※定番のピーマンは使わず、かぼちゃやごぼう、
セロリなどの野菜を使っているので目新しい感じのするメニューです。
野菜好きは、ハマります。
※すっぱいのが好きな人はお酢をたしましょう。

お酢によく合う魚と野菜料理

毎日の食事で、どんどんとりたいお酢。
ごはんのおかずになる主菜や、"もうひと皿"のおかずになる副菜でお酢を使えば、
「毎日大さじ1杯のお酢」は軽々クリアできますね!
——といっても、現代の食生活に慣れてしまっている人にとっては、
お酢を使う料理って、意外に思い浮かばないのでは?
昔ながらの和食メニューは、お酢との相性がぴったりだし、もともとお酢の酸味や、
静菌性は、生魚や野菜にもよく合います。ドレッシングだってお酢で作りますよね。
からだにやさしくて、カロリーも控えめ。お酒のおつまみにもおすすめメニューを紹介します。

1人分の使用量 大さじ 1/3

酢で煮魚

材料（2人分）
あじ 2尾
わかめ（戻す） 20g
うど 1/3本
しょうが 少々
［調味料］
　だし汁 1/2カップ
　しょうゆ 大さじ2/3
　米酢 大さじ2/3
　みりん 小さじ1

作り方
1 あじは腹ワタ、ぜいご（あじの尾びれのつけ根から身にかけてのギザギザしたうろこのかたまりのようなもの）をとり、水洗いする。しょうがは薄切りにし、飾り用に一部を針しょうがにする。
2 平鍋に［調味料］、しょうがの薄切りを入れてあじを重ならないように並べ、煮立ったら火を弱めふたをして、12〜13分煮る。
3 わかめは水洗いして一口大に、うどは短冊に切る。
4 あじを器に盛り、針しょうがを添える。残った煮汁に3を入れ、さっと煮て盛りつける。

調理時間20分、1人100kcal
※レシピどおりだと、すっぱさをあまり感じないので、お酢が苦手な人でもまったく気になりません。すっぱさが欲しい人は、お酢を増やすといいでしょう。

1人分の使用量 大さじ 3/4

白身魚のさっぱりソテー

材料(2人分)
白身魚 2切れ
塩 少々
こしょう 少々
サラダ油 適量
バター 5g
[調味料]
　白ワインビネガー 大さじ1と½
　しょうゆ 大さじ¼
　砂糖 大さじ¼
小松菜 ½束
にんじん 適量
レモン 適量

作り方
1 白身魚に塩とこしょうをふる。
2 フライパンにサラダ油とバターを入れて熱し、白身魚の両面を色よく焼く。
3 2に[調味料]を入れ、魚にからめながらとろみがつくまで煮詰める。
4 4cmの長さに切った小松菜と細切りにしたにんじんをソテーし、3と一緒に盛りつけ、くし形に切ったレモンを添える。

調理時間10分、1人113kcal
※白ワインビネガーがなければ、穀物酢などほかのお酢でもOK。

1人分の使用量 ➡ 大さじ $1 1/2$ ★★

あじと玉ねぎの南蛮漬け

材料(2人分)
あじ 2尾 ／ 塩 少々 ／ 片栗粉 適量
アスパラガス(グリーン) 1と½本 ／ 玉ねぎ ½個
パプリカ(黄) ¼個 ／ 万能ねぎ 3本
揚げ油 適量 ／ 赤唐辛子(小口切り) ½本
[調味料]
　みりん 大さじ2 ／ 穀物酢 大さじ3
　薄口しょうゆ 大さじ2

作り方
1 鍋に[調味料]を煮立て、赤唐辛子を加えて火を止め、バットなどに移す。
2 アスパラガスは斜めに切ってゆでる。玉ねぎは薄切り、パプリカは5mm幅に、万能ねぎは斜め切りに。※新玉ねぎの場合は5mmのくし形切りにする。
3 あじを三枚におろしてから、1枚を3等分にそぎ切りにする。塩をして、片栗粉をまぶして180℃の油できつね色になるまで揚げる。揚げたらすぐに1に漬ける。
4 あじの上に2の野菜をのせてひたす。あじの粗熱がとれたら全体を混ぜ合わせ、30分以上漬けていただく。

調理時間20分、1人275kcal
※揚げたてのあじを素早く漬け込み液に入れて十分に味をしみ込ませることが、南蛮漬けの成功の秘訣です。

1人分の使用量 ➡ 大さじ $1/2$ ★

スモークサーモンのマリネ

材料(2人分)
スモーサーモン ½パック(50g)
玉ねぎ ¼個
パプリカ(黄) 適量
ケッパー 適量
みりん 大さじ1
[調味料]
　穀物酢 大さじ1
　サラダ油 大さじ½
　塩 少々
　こしょう 少々

作り方
1 耐熱容器にみりんを入れ、ラップをかけずに電子レンジ(500W)で2分ほど加熱して煮切り、冷ます。
2 [調味料]の材料と1を合わせておく。
3 ボウルにスモークサーモンとスライスした玉ねぎとパプリカ、ケッパーを入れて、よく混ぜた2を加えて全体にからめ、10分以上おいてから器に盛る。

調理時間10分、1人98kcal

鯛のカルパッチョ

材料(2人分)
鯛(刺身用) ½さく(100g)
ベビーリーフ 10g
玉ねぎ ⅛個
[カルパッチョ用ソース]
　穀物酢 大さじ½
　みりん 大さじ½
　粗びき黒こしょう 適量
　塩 小さじ¼
　レモン汁 大さじ1
オリーブオイル 適量
ケッパー 適量

作り方
1 鯛をそぎ切りにする。
　玉ねぎは薄くスライスして水にさらす。
2 [カルパッチョ用ソース]を合わせ、
　電子レンジ(500W)で20秒ほど加熱する。
3 皿に1とベビーリーフを盛りつけ、よく混ぜた
　[カルパッチョ用ソース]とオリーブオイルをかけ、
　ケッパーをちらす。

調理時間10分、1人90kcal
※キーンと冷やした白ワインによく合います。

1人分の使用量 大さじ 1/4

1人分の使用量 ● 大さじ 1/2

たこのエスニック風サラダ ★

材料(2人分)
たこ(ゆでたもの) 100g
きゅうり 1本
スナップえんどう 25g
レタス 3枚
パクチー(生) 適量
塩 適量
[ドレッシング調味料]
  穀物酢 大さじ1
  ごま油 大さじ1
  しょうゆ 小さじ1
  砂糖 小さじ½
  塩 小さじ⅓
  こしょう 少々
  赤唐辛子(小口切り) ½本
  にんにく(たたく) ½片
  万能ねぎ(長めの小口切り) 適量

作り方
1 たこは適量の酢(材料外)で洗って、斜め切りにする。
2 きゅうりは皮をしま目にむき、乱切りにして塩をふる。スナップえんどうは筋をとり、塩を加えた熱湯でゆでて水気をきる。レタスは食べやすい大きさに切る。
3 [ドレッシング調味料]を混ぜ合わせ、にんにくはしばらくおいてから、とり除く。
4 皿に1と2を彩りよく盛り、3をかけ、ちぎったパクチーをのせる。

調理時間10分、1人159kcal
※サラダは、ドレッシングにお酢を使うので、「毎日お酢生活」にぴったりのメニューです。
※たこときゅうりを同じくらいの大きさに切ると、歯ごたえがよく、味もなじみやすくなります。

1人分の使用量 大さじ 1/2

にんじんとツナの酢サラダ ★★

材料(2人分)
にんじん 1本
ツナ(缶詰) ½缶(40g)
いりごま(白) 適量
パセリ 適量
[ドレッシング]
　米酢 大さじ1
　めんつゆ(2倍濃縮) 大さじ1
　水 大さじ1

作り方
1 にんじんは千切りにする。
2 フライパンにツナ缶の油を熱し、にんじんとツナを炒める。
3 器に盛り、粗熱がとれたらごまをふり、混ぜ合わせた[ドレッシング]をかけて、刻んだパセリをちらす。

調理時間10分、1人131kcal
※にんじんを加熱すると、しんなりしてかさが減るので、その分、野菜の栄養をたっぷりとれます。

ドレッシングも、家で簡単手作り！

◎和風ドレッシング 酢(米酢) 大さじ2 ／ 油(サラダ油) 大さじ1 ／ 塩 小さじ¼ ／ 砂糖 小さじ1 ／ しょうゆ 小さじ2
◎洋風ドレッシング
酢(りんご酢) 大さじ2 ／ 油(サラダ油またはオリーブオイル) 大さじ2 ／ 塩 小さじ¼ ／ 砂糖 小さじ1 ／ こしょう 少々
◎中華風ドレッシング
酢(穀物酢) 大さじ2 ／ 油(ごま油) 大さじ1 ／ 塩 小さじ¼ ／ 砂糖 小さじ1 ／ しょうゆ 小さじ2 ／ おろししょうが 小さじ½

1人分の使用量 → 大さじ 3/4

そらまめとささみの酢の物 ★★★

材料(2人分)
そらまめ(正身) 20粒
鶏ささみ 2本
ラディッシュ 1個
酒 大さじ1と1/2
[調味料]
　穀物酢 大さじ1と1/2
　砂糖 大さじ1/2
　塩 小さじ1/4
　薄口しょうゆ 小さじ1/4
　しょうが(みじん切り) 大さじ1/2

作り方
1. そらまめはさやから出し、切り目を入れる。塩少々(材料外)を加えたたっぷりの熱湯で2分ゆで、氷水にとってすばやく中まで冷ます。水気をきって皮をむく。
2. 鶏ささみは筋をとり、酒をふりかけて電子レンジ(500W)で4〜5分加熱し、そのまま冷ます。冷めたら、粗くほぐす。
3. ラディッシュは薄いいちょう切りにする。
4. 器に1、2、3を盛り、食べる直前に[調味料]を混ぜてかける。

調理時間30分、1人108kcal
※ほくほくしたそらまめがおいしい、女性好みの味です。
※お酢が好きな人は分量をもっと増やしてもおいしくいただけます。

酢の物に使える、いろいろな合わせ酢

◎二杯酢：酢 大さじ2 ／ しょうゆ 大さじ2
◎三杯酢：酢 大さじ3 ／ しょうゆ 大さじ1 ／ 砂糖 大さじ2
◎甘酢：酢 大さじ3 ／ 砂糖 大さじ2 ／ 塩 少々
◎ごま酢：酢 大さじ2 ／ しょうゆ 大さじ3 ／ 砂糖 大さじ2 ／ すりごま 大さじ4
◎土佐酢：酢 大さじ3 ／ しょうゆ 大さじ1 ／ 砂糖 大さじ2 ／ かつお節 3g
（調味料を合わせ、ひと煮立ちさせてから、かつお節を濾す）

いかとオクラの酢の物 ★★★

1人分の使用量 大さじ 3/4

材料(2人分)
いか 100g
オクラ 4本 ／ のり 適量
パプリカ(赤) 30g(約1/6個)
［調味料］
　しょうゆ 小さじ2
　穀物酢 大さじ1と1/2
　砂糖 小さじ1/4

作り方
1 いかは斜め格子の包丁目を細かく入れ、小さめの長方形に切り、湯にさっとくぐらせて表面の色が変わったら冷水にとり、水気をきる。
2 オクラは塩(材料外)ゆでして冷水にとり、小口切りにする。パプリカは細切りにする。
3 1と2を器に盛り、［調味料］を混ぜてかけ、細く切ったのりをのせる。

調理時間10分、1人50kcal
※お酢が好きな人は分量をもっと増やしてもおいしくいただけます。

1人分の使用量 大さじ 3/4

ぶり大根

材料（2人分）
ぶり 1と½切れ
大根 ¼本
にんにく 2片
しょうが ¼片
貝割れ大根 適量
長ねぎ（白髪ねぎ） 適量
［調味料］
　黒酢 大さじ1と½
　水 1と¼カップ
　酒 大さじ1
　しょうゆ 大さじ1
　砂糖 大さじ1

作り方
1　ぶりの切り身は食べやすい大きさに切り分け、
　　ざるに並べて熱湯をかけてくさみをとる。
2　大根は皮をむき、2cmの厚さの半月切りにし、
　　面取りをして隠し包丁を1本入れる。
3　にんにくは皮をむき、へたを切る。しょうがは皮をむいて薄切りにする。
4　鍋に［調味料］を合わせて火にかけ、沸いてきたら
　　1のぶりを並べて入れる。アクをとり、大根、しょうが、にんにくを加える。
5　落としぶたをしたら、火加減を弱火にし、20～25分間煮込む。器に盛り、
　　貝割れ大根と白髪ねぎをのせる。

調理時間30分、1人262kcal
※ぶり大根にお酢!?と思う人もいるかもしれません。
ところが、いつものぶり大根が、お酢を入れることでうまみが増して、まろやかな味になりますよ。

1人分の使用量 ─● 大さじ 1/2　　★

キャベツとまぐろのぬた

材料(2人分)
まぐろ　100g
しょうゆ　小さじ1弱
だし汁　小さじ1/2弱
キャベツ　1と1/2枚
［調味料］
　信州みそ　大さじ1弱
　すりごま(白)　小さじ1
　穀物酢　大さじ1
　砂糖　小さじ1
　からし　少々

作り方
1　まぐろは2cm角に切り、だし汁を加えた
　　しょうゆをからめて下味をつけておく。
2　キャベツは熱湯でさっとゆでてしんなりとさせ、
　　ざるに広げて冷ます。
　　芯を除いて2cm四方に切り、水気をしぼる。
3　［調味料］を混ぜ合わせる。
4　食べる直前にまぐろの汁気をよくきり、
　　キャベツとともに3であえる。

調理時間20分、1人94kcal

1人分の使用量 ─● 大さじ 1　　★★★

ツナとえだまめのおろしあえ

材料(2人分)
えだまめ(ゆでたもの)　40g
ツナ(缶詰)　1/2缶40g
ラディッシュ　1/2個
大根(すりおろす)　5cm
［調味料］
　穀物酢　大さじ2
　砂糖　大さじ1
　塩　少々

作り方
1　えだまめは実だけをとり出す。
　　ツナは適当な大きさにほぐす。
　　ラディッシュは薄切りにする。
2　水気をきった大根おろしと［調味料］を混ぜ合わせ、
　　1を加えてあえる。

調理時間10分、1人97kcal
※酢で味が締まっているので、しょうゆはいりません。
※お酒のおつまみとしても。

1人分の使用量 ➡ 大さじ 1/2　　★

きゅうりのさっぱり漬け

材料(2人分)
きゅうり 1本
［調味料］
　赤唐辛子(小口切り) 1/4本
　ごま油 小さじ1/2
　めんつゆ(2倍濃縮) 大さじ3
　米酢 大さじ1

作り方
1 きゅうりは4cmの長さに切り、すりこ木などでたたく。
2 ポリ袋に1と［調味料］を入れて、
　空気を抜くように口をしばり、15～30分ほど漬ける。

　　調理時間10分、1人24kcal
　　※ポリ袋越しにもむと早く味がしみ込みます。

1人分の使用量 ➡ 大さじ 1　　★★★

切り干し大根とごまハリハリ漬け

材料(2人分)
切り干し大根 30g
赤唐辛子(小口切り) 1本
［調味料］
　水 大さじ1
　めんつゆ(2倍濃縮) 大さじ2
　穀物酢 大さじ2
いりごま(白) 大さじ2

作り方
1 切り干し大根は水でもみ洗いをした後ボウルに入れ、
　水につけて20分ほどおき、水気をよくしぼる。
2 ボウルに［調味料］を入れてよく混ぜ合わせ、
　1の切り干し大根と赤唐辛子を漬け込む。
　味がなじんだら器に盛り、ごまをふる。

　　調理時間10分、1人108kcal
　　※お酢好きな人が大満足するすっぱさです。

1人分の使用量 → 大さじ 1/3

じゃがいもきんぴら ★

材料(2人分)
豚バラ肉(薄切り) 40g
じゃがいも 1個
青ピーマン 1個
めんつゆ(2倍濃縮) 大さじ1
いりごま(白) 適量
［調味料］
　めんつゆ(2倍濃縮) 大さじ1と1/2
　穀物酢 大さじ2/3
　ごま油 小さじ1/2

作り方
1 じゃがいもは皮をむき、細切りにする。
　水にさらした後、ざるにあげて十分に水気をきる。
2 豚肉、ピーマンもそれぞれ細切りにする。
3 豚肉、じゃがいも、［調味料］を混ぜてから耐熱皿に盛り、
　ふんわりラップをかけて電子レンジ(500W)で4分加熱する。
4 3にピーマンとめんつゆ(大さじ1)を加えて混ぜ、
　ラップをしないで電子レンジ(500W)で2分加熱する。
　仕上げにごまをふりかける。

調理時間10分、1人119kcal
※お酢の力でじゃがいもがシャキシャキの食感に仕上がります。
※じゃがいもの水分をよくきってから、［調味料］と混ぜるのがポイントです。

1人分の使用量 → 大さじ 1/3

なすの肉じそ巻きピリ辛ソース ★★

材料(2人分)
なす 2本
豚バラ肉(薄切り) 4枚
青じそ 8枚
片栗粉 適量
揚げ油 適量
[ソース]
　めんつゆ(2倍濃縮) 大さじ1と1/2
　穀物酢 大さじ2/3
　豆板醬(トウバンジャン) 小さじ1/2

作り方
1 豚肉は半分の長さに切る。なすはへたを切り落とし、縦4等分に切る。
2 なすに青じそを巻いてから、豚肉を1枚ずつ巻きつけて、全体に片栗粉を薄くまぶす。
3 [ソース]を混ぜる。
4 フライパンに揚げ油を2〜3cmになるように入れて中温に熱し、2の半量を入れてなすがやわらかくなるまで2〜3分揚げる。残りも同様に揚げる。
5 器に盛り、3をかける。青じそが余っていれば、肉じそ巻きの下にしく。

調理時間20分、1人508kcal

1人分の使用量 大さじ 1/3

卵の甘酢煮

材料(2人分)
卵 4個 / サラダ油 大さじ1と½
赤ピーマン ½個 / 万能ねぎ 4〜5本
[調味料]
　米酢 大さじ⅔
　しょうゆ 大さじ⅔
　砂糖 大さじ⅔
　水 ¼カップ
　鶏ガラスープの素(顆粒) 小さじ¼
[水溶き片栗粉]
　片栗粉 小さじ⅔
　水 大さじ½

作り方
1 卵を溶き、細かく切った赤ピーマンと万能ねぎを加えて混ぜる。
2 フライパンにサラダ油を熱し、1を流し入れる。
3 卵の周囲が固まりはじめたら、中が半熟になるように焼き、一度裏返す。混ぜた[調味料]を加えて煮立てる。
4 3に[水溶き片栗粉]を加え、大きく混ぜてとろみをつける。

調理時間20分、1人244kcal

1人分の使用量 ━● 大さじ 1/3　　★　　　　1人分の使用量 ━● 大さじ 1/6　　★

中華風冷や奴

材料（2人分）
絹ごし豆腐　1丁
春菊　1/3束
ハム　1枚
長ねぎ（みじん切り）　少々
しょうが（みじん切り）　少々
［調味料］
　しょうゆ　大さじ2/3
　穀物酢　大さじ2/3
　だし汁　大さじ2/3
　ごま油　小さじ1/2
　赤唐辛子（小口切り）　1本

作り方
1　絹ごし豆腐は静かにゆで、冷水にとって冷ます。
2　春菊は葉先をつまみ、ゆでて1cmの長さに切る。
　　ハムは粗みじんに切る。
3　長ねぎ、しょうがを［調味料］と混ぜる。
4　器に豆腐を盛り、2をのせ、3をかける。

調理時間20分、1人127kcal
※春菊が手に入らない場合は、三つ葉や水菜で代用しましょう。

中華風焼きなす

材料（2人分）
なす　2本
赤唐辛子（小口切り）　1/2本
長ねぎ（みじん切り）　2.5cm
トマト　1/4個
貝割れ大根　適量／パクチー　適量
［調味料］
　穀物酢　小さじ2
　しょうが汁　小さじ1/2
　しょうゆ　大さじ1
　砂糖　小さじ1/4
　ごま油　小さじ1/2

作り方
1　なすはグリルもしくは焼き網で焼いて皮をむき、
　　縦4つに切る。
2　赤唐辛子、長ねぎと、合わせた［調味料］を混ぜる。
3　輪切りにしたトマトと1のなすを皿に並べて
　　冷蔵庫で冷やす。とり出したら2をかけ、
　　貝割れ大根とパクチーをのせる。

調理時間20分、1人52kcal
※辛みが強いので、ビールにもよく合います。

みんな大好き！ ごはん・麺・パン

お酢といえばおすし。わたしたち日本人の食生活に欠かせない、ごちそうです。
手巻きずしが流行ってから、家庭でも気軽におすしが食べられるようになりましたが、
ミツカンは、この章で、さらに新しい形も紹介します。
おすしだけではありません。麺のつけだれにも、お酢はぴったりです。
ほかにも、カレーやラーメン、パスタにもお酢を——といったらびっくりしますか？
ところが、あぶらっぽい料理にお酢をかけると、さっぱりします。
その意外なおいしさ、その刺激、さっぱり感は、クセになるはずです。

1人分の使用量 大さじ1

黒酢で作る手巻きずし ★★

材料(2人分)
ごはん 1.5合
[合わせ酢]
　黒酢 大さじ2
　砂糖 大さじ1 ／ 塩 小さじ1
[お好みの手巻きネタ]
　まぐろ(刺身用) 100g ／ 鯛(刺身用) 100g
　サーモン(刺身用) ½さく ／ イクラ 50g
　アボカド ½個 ／ 長いも 50g
　青じそ 3枚
　貝割れ大根 適量
焼きのり 適量
しょうゆ 適量
わさび 適量

作り方
1 [合わせ酢]を混ぜておく。
2 炊きたてのごはんに[合わせ酢]をまわしかけ、切るように混ぜて冷ます。
3 [お好みの手巻きネタ]を手巻き用に切り、器に盛る。
4 焼きのりに2のすし飯、3のネタをのせ、巻いて、わさびじょうゆでいただく。

調理時間30分、1人902kcal
※ネタはお好みのものを用意しましょう。
えびや卵焼き、ツナマヨなどもおいしいです。

すし飯の作り方（4人分）

ごはん 3合 ／ 酢 大さじ4 ／ 砂糖 大さじ4～5 ／ 塩 小さじ2
1 酢、砂糖、塩を混ぜて、すし用合わせ酢を作る。
2 ごはんが炊きあがったら、熱いうちにボウルに移し、合わせ酢を一気にまわしかけて、切るように混ぜる。
※お好みで砂糖の分量を加減してください。

1人分の使用量 大さじ1

なんでもカップずし

材料(2人分)
ごはん 1.5合 ／ すし酢 大さじ3
[焼肉カップずし]
　牛バラ肉(薄切り)　100g
　にんじん　1/4本
　貝割れ大根　1/4パック
　いりごま(白)　適量
　焼肉のたれ　大さじ2
　塩　少々 ／ こしょう　少々
[海鮮カップずし]
　まぐろ(刺身用)　4切れ
　甘えび　2尾
　スモークサーモン(刺身用)　4切れ
　卵　1個
　きゅうり　1/3本
　ポン酢(ジュレタイプ)　適量

作り方
1　温かいごはんにすし酢を混ぜ合わせ、すし飯を作る。
2　にんじんは千切り、きゅうりは半月切り、
　　貝割れ大根は半分の長さに切る。卵はいり卵に。
3　牛肉をフライパンで炒め、焼肉のたれか、塩とこしょうで味つけする。
4　甘えびは殻をむき、まぐろとスモークサーモンは小さめの角切りに。
5　カップにすし飯を入れる。焼肉カップずしは、すし飯の上ににんじん、
　　貝割れ大根、焼肉の順にのせ、たれ味のほうにはごまをふる。
　　海鮮カップずしは、すし飯の上にいり卵ときゅうり、
　　まぐろとスモークサーモン、甘えびをのせ、ポン酢のジュレタイプをかける。

調理時間30分、焼肉カップずし たれ味1人 323kcal、
同塩・こしょう味1人 283kcal、海鮮カップずし1人 340kcal
※ミツカン新提案のカップずし。すし飯を入れて、上に具をのせるだけで、簡単なのに華やか。
パーティーでも大活躍。お子さんも、自分で好きな具を入れて、楽しくいただけます。
※ポン酢のジュレタイプが、大活躍！
※カップはなんでもOK。色とりどりのコーヒーカップや、おちょこを使うのもおすすめ。
※牛肉は薄切りならば、ロースやももなどでもOK。

1人分の使用量 → 大さじ1

いなりずし

材料（2人分）
ごはん 1.5合
［合わせ酢］
　米酢 大さじ2
　砂糖 大さじ2〜2と1/2
　塩 小さじ1
いりごま（白） 大さじ1と1/2
油揚げ 4枚
貝割れ大根 適量
［調味料］
　だし汁 1カップ
　酒 大さじ2
　砂糖 大さじ2
　しょうゆ 大さじ2
　みりん 大さじ2

作り方
1 油揚げは半分に切り、中を開いて袋にし、熱湯にひたして油抜きをする。
2 鍋に［調味料］と1を入れて、煮汁がなくなるまで煮詰めて、粗熱をとる。
3 ごはんに［合わせ酢］をかけてすし飯を作り、ごまをきり混ぜる。
4 2の汁気をしぼり、油揚げの袋を破らないように3を詰める。
5 上に貝割れ大根、ごまをちらす。

調理時間30分、1人743kcal
※合わせ酢の代わりに市販のすし酢を使うと、より簡単にできます。

1人分の使用量 大さじ 2/3

スモークサーモンの押しずし ★★★

材料(2人分)
ごはん　1合
すし酢　大さじ2
スモークサーモン　75g
穀物酢　適量
青じそ　10枚

作り方
1　炊きたてのごはんにすし酢を混ぜて冷ます。
2　スモークサーモンを穀物酢にくぐらせる。
3　流し函にすし飯の半量を広げて青じその葉の半量をのせ、
　　2の半量を重ねる。さらに半量のすし飯、青じそ、
　　スモークサーモンの順にのせ、流し函の中底をのせてぎゅっと押す。
4　形がついたら、食べやすい大きさに切り分ける。

調理時間30分、1人353kcal
※流し函がない場合は、パウンドケーキ型や保存容器などで代用できます。
その場合、型より大きくカットしたラップをしいてからすし飯を入れると、
とり出しやすくなります。そして、中底の代わりにふきんをのせて、手で思い切り押しましょう。

1人分の使用量 大さじ1

肉手まりずし　焼肉のたれ味＆塩・こしょう味 ★

材料（2人分）
ごはん　1.5合
すし酢　大さじ3
牛バラ肉（薄切り）　200g
ねぎ＆黒こしょうのピクルス（P.81参照）　適量
みょうがのピクルス（P.81参照）　適量
いりごま（白）　適量
［焼肉のたれ味の場合］
　焼肉のたれ　大さじ4
［塩・こしょう味の場合］
　塩　少々／こしょう　少々

作り方
1　温かいごはんにすし酢を混ぜ合わせ、すし飯を作る。
2　牛肉はサラダ油をひいたフライパンで炒め、
　　焼肉のたれか、塩・こしょうで味つけする。
3　すし飯を手まり形に握り、2のいずれかをのせ、
　　その上にねぎやみょうがのピクルスを飾り、ごまをふる。

調理時間20分、焼肉のたれ味1人667kcal、塩・こしょう味1人627kcal
※おすしも、「焼肉」をのせれば、お魚ぎらいなお子さんも、大喜び！
※パーティーなど人が集まるときはもちろん、このままひとつずつラップに包めばお弁当にもぴったり。
※同じ材料で作るカップずしはP.51を参照。
※すし酢は自分でも作れます。P.50を参照。
※牛肉は薄切りならば、ロースやももなどでもOK。

1人分の使用量 大さじ1

韓国風のり巻き

材料（2人分）
ごはん　1.5合
すし酢　大さじ2と½
ごま油　大さじ2
すりごま（白）　大さじ2
にんじん　¼本
ほうれん草　50g
たくあん漬け　¼本
合いびき肉　50g／サラダ油　適量
［ごま酢だれ］
　すりごま（白）　大さじ1と½
　穀物酢　大さじ½
　砂糖　小さじ½／しょうゆ　小さじ½
［調味料］
　コチュジャン　大さじ½
　砂糖　大さじ½／しょうゆ　大さじ1
焼きのり　2枚
ごま油　小さじ2／塩　適量

作り方
1　にんじんは千切りにしてゆで、ほうれん草はゆでてから¼の長さに切る。［ごま酢だれ］の材料を混ぜ合わせ、切ったにんじんとほうれん草をあえる。たくあん漬けはのりと同じ長さで断面が1cm角の正方形になるように細長く切る。
2　合いびき肉をサラダ油で炒め、［調味料］で味つけをする。
3　炊きたてのごはんにすし酢を加えて切るように混ぜて酢めしを作り、そこにごま油とすりごまを加えて混ぜ合わせる。
4　焼きのりにごま油を塗ってコンロであぶり、塩をふる。まきすにのりを置き、手前と奥各1cmを残して3で作った酢めしを薄くのせる。真ん中より少し手前側ににんじん、ほうれん草、肉、たくあん漬けをのせて巻く。適当な大きさに切り分ける。

調理時間30分、1人692kcal
※お魚ぎらいなお子さんも飛びつく、おいしい「お肉のおすし」のバリエーションです。

1人分の使用量 → 大さじ約 2

長いものピクルスでまぐろのづけ丼 ★★

材料(2人分)
まぐろ(刺身用) 150g
長いものピクルス(P.83参照) 150g
みょうが 2個 ／ 青じそ 3枚
ごはん 丼2杯分 ／ いりごま(白) 小さじ1
[つけ汁]
　ピクルスの液(P.83参照) 大さじ5
　しょうゆ 大さじ1
　わさび 小さじ½

作り方
1 バットに[つけ汁]の材料を入れて、まぐろを加え、ときどき裏返しながら5〜6分漬けておく。
2 みょうがは小口切り、青じそは千切りにする。
3 温かいごはんにまぐろの[つけ汁]を加えて、さっくりと混ぜる。青じそ、みょうが、ごまのそれぞれ半量を加えて、さっくりと混ぜ合わせる。
4 器に盛り、長いものピクルス、まぐろをのせ、残りの青じそ、みょうがを彩りよく飾り、ごまをちらす。

調理時間20分、1人610kcal
※ごはんを酢めしにしても、具とよく合います。
お酢もたくさんとれて、一石二鳥!?

1人分の使用量 大さじ 1/2

コチュジャンだれの韓国風丼 ★

材料(2人分)
豚もも肉(かたまり) 100g
ごはん 茶碗2杯分(160g×2)
サラダ油 適量
塩 少々 ／ こしょう 少々
しょうゆ 少々
きゅうり 1/2本
青じそ 3枚 ／ 長ねぎ 5cm
糸唐辛子 適量
［たれ用調味料］
　コチュジャン 大さじ2
　みそ 大さじ1
　穀物酢 大さじ1
　砂糖 大さじ1/2
　しょうゆ 小さじ2
　しょうが(すりおろす) 小さじ1/2
　にんにく(すりおろす) 小さじ1/2
　すりごま(白) 大さじ1

作り方
1 豚もも肉は一口大に切り、サラダ油で炒め、塩、こしょう、しょうゆで味づけする。
2 きゅうり、青じそは千切りにする。ねぎは白髪ねぎにする。
3 ［たれ用調味料］を混ぜ合わせ、豚肉、きゅうり、青じそ(半量)を加えてさらに混ぜ合わせる。
4 器にごはんを盛り、3をのせ、上に残った白髪ねぎと青じそと糸唐辛子をのせる。

調理時間20分、1人466kcal
※コクとうまみのあるコチュジャンだれが、酢を加えることで奥行きのある味わいになります。
※すっぱいのが好きな人は、できあがりにお酢をかけてみましょう。また、酢めしにしても、よく合います。

1人分の使用量
大さじ 1 2/3

チキン南蛮カレーライス ★★

材料(2人分)

ごはん 2人分(500g) ／ すし酢 大さじ2
鶏もも肉 1枚 ／ 塩 適量 ／ こしょう 適量
小麦粉 適量 ／ 溶き卵 適量
揚げ油 適量 ／ 玉ねぎ ½個
[カレールウ]
　小麦粉 50g ／ バター 30g
　カレー粉 小さじ2
　クミンパウダー 小さじ1 ／ 水 2と½カップ
　鶏ガラスープの素(顆粒) 大さじ2
[南蛮漬け調味液]
　めんつゆ(2倍濃縮) ¼カップ
　穀物酢 大さじ1と⅔
[タルタルソース]
　ゆで卵 ¼個 ／ マヨネーズ 大さじ⅔
　玉ねぎ(みじん切り) 大さじ1
　穀物酢 大さじ¼ ／ レモン汁 小さじ⅓
　パセリ(みじん切り) 適量

作り方

1 鶏もも肉は、厚みが均等になるよう包丁を入れ、塩、こしょうで下味をつけたら、小麦粉をまぶし、溶き卵をつけて、180℃の揚げ油できつね色になるまで揚げる。

2 玉ねぎはスライスし、[南蛮漬け調味液]に漬けておく。

3 [カレールウ]を作る。鍋にバターを入れて中火にかけ、溶けたら小麦粉を入れてクリーム状にする。カレー粉の半量とクミンパウダーを加え、練り混ぜる。水と2の汁気をきった玉ねぎを加え(液はとっておく)、ひと煮立ちしたら鶏ガラスープの素を加えて10分ほど煮る。

4 器にごはんを盛りつけ、ごはん全体にすし酢をまわしかけ、3の[カレールウ]をかける。その上に1をのせ、2の液(大さじ2)をかける。

5 [タルタルソース]の材料を混ぜて、ごはんの上にのせる。

調理時間30分、1人1039kcal
※すし飯にカレー！ これが意外にも相性抜群。すし酢でになく、穀物酢や米酢をかけてもおいしくいただけます。カレーだけにお酢をかけて、ごはんはそのままでもおいしいですが、"お酢好き"は、ごはんも酢めしに。味わいが深まるだけでなく、カレーのあぶらっぽさが薄れてさっぱりとします。油脂が、お酢のチカラでサラサラになるため、からだにもやさしくなるようです。

1人分の使用量 → 大さじ 約 2/3

ミックスビーンズのピクルスでキーマカレー ★★

材料（2人分）
ごはん　2人分（500g）
なす　3本
ミックスビーンズのピクルス（P.80参照）　120g
玉ねぎ　½個
にんにく（みじん切り）　小さじ1（約1片）
しょうが（みじん切り）　大さじ½（約1片）
カレー粉　大さじ1
小麦粉　大さじ1
クミンシード　小さじ1
サラダ油　大さじ3
［A］
　ピクルスの液　¼カップ
　めんつゆ（2倍濃縮）　⅓カップ
　水　¼カップ
パセリ（みじん切り）　適量

作り方
1 なすはへたを切り落とし、縦半分に切り、厚さ1cmの斜め切りにする。玉ねぎはみじん切りにする。［A］を混ぜ合わせておく。
2 フライパンにサラダ油を入れて中火で熱し、なすを加えてしんなりするまで2〜3分炒める。
3 2に玉ねぎ、にんにく、しょうが、クミンシードを加えて炒め、香りが立ったら、カレー粉、小麦粉を入れ、粉っぽさがなくなるまで炒める。
4 ［A］を少量ずつ入れて溶きのばし、ミックスビーンズのピクルスを加えて2〜3分煮る。
5 器にごはんを盛り、4をかけ、その上にパセリをふる。

調理時間20分、1人855kcal
※なすは変色しやすいので、使う直前に切ります。
※小麦粉はダマにならないように、よく混ぜながら炒めます。
※辛くしたい場合は、最後に赤唐辛子を入れて煮ます。
※お酢が好きな人は、酢飯めしにしてもおいしい！

1人分の使用量 大さじ 5/6

豚のさっぱり焼き丼 ★★

材料(2人分)
ごはん 丼2杯分
穀物酢 小さじ2/3
豚ロース肉(薄切り) 100g
片栗粉 適量
玉ねぎ 1/2個
青じそ 2枚
サラダ油 適量
[調味料]
　穀物酢 大さじ1
　酒 大さじ1
　砂糖 大さじ1
　しょうゆ 大さじ1
　水 大さじ1
　しょうが(すりおろす) 1/2片
　にんにく(すりおろす) 1/2片

作り方
1 豚肉は食べやすい大きさに切り、片栗粉をまぶす。
　玉ねぎは1cmの厚さに切る。
2 フライパンにサラダ油を熱し、豚肉の両面をこんがり焼く。
　焼けたら玉ねぎを加えて炒め合わせ、
　混ぜ合わせた[調味料]を加え、からませる。
3 丼にごはんを盛り、小さじ1/3の穀物酢をかけ、
　青じそと2を盛りつける。

調理時間20分、1人618kcal
※豚肉を焼くときの調味料と、できあがりにそのままかけるという、
酢の2重使いです。それでもすっぱさは感じませんが、さっぱりとしているので
もりもり食べられます。

1人分の使用量 ━● 大さじ 1 ★

さっぱりチャーハン

材料（2人分）
ごはん 1.2合
卵 2個
豚バラ肉（薄切り） 100g
玉ねぎ ½個 ／ 万能ねぎ（小口切り） 適量
塩 適量 ／ こしょう 適量 ／ サラダ油 大さじ2
［調味料］
　穀物酢 大さじ2 ／ しょうゆ 大さじ2
　にんにく（すりおろす） 少々

作り方
1 豚肉は一口大、玉ねぎは角切りに切る。
　［調味料］は合わせておく。
2 フライパンにサラダ油を熱し、
　豚肉を両面色よく焼き、玉ねぎを加えて炒め、
　塩、こしょうで調味して、とり出す。
3 ボウルにごはんと溶いた卵を混ぜ合わせておく。
4 同じフライパンにサラダ油をたし、3を加えて
　パラパラになるように炒める。2を戻し、［調味料］を
　鍋肌にまわし入れて全体を炒め合わせ、最後に万能
　ねぎを加えてひと混ぜ。

調理時間20分、1人765kcal
※お酢の味わいが好きな人は、食べる直前に、お好みでかけて。

1人分の使用量 ━● 大さじ 1 ★

にんにくチャーハン

材料（2人分）
ごはん 1.2合
豚ひき肉 100g
キャベツ 2枚
にんにく 2片
塩 適量
こしょう 適量
穀物酢 大さじ2
ごま油 適量

作り方
1 キャベツは一口大に切り、にんにくはスライス。
2 フライパンにごま油を熱し、にんにくを炒める。
　香りが立ったら、豚ひき肉を加えて炒め、火が通ったら
　キャベツを加え、塩、こしょうで調味。
3 2にごはんを加えて炒め合わせ、塩、こしょうで味を
　ととのえる。最後に穀物酢を加えてさっと炒める。

調理時間20分、1人502kcal
※お酢の味わいが好きな人は、食べる直前に、
お好みでお酢をかけていただきます。

1人分の使用量 大さじ 3/4

サンラータンメン ★★

材料（2人分）
中華麺　2玉
たけのこ（水煮）　25g
にんじん　1/4本
干ししいたけ（戻す）　1/2枚
きくらげ（戻す）　5g（戻した重さで）
ほたて貝柱（缶詰）　1/2缶
絹ごし豆腐　25g
水溶き片栗粉　適量
卵　1/2個
ごま油　小さじ1/2
こしょう　小さじ1/4
黒酢　大さじ1と1/2
［調味料］
　中華スープの素（顆粒）
　　2カップ分のスープを作れる分量
　水　2カップ
　しょうゆ　大さじ1/2　／　塩　小さじ1/2

作り方
1　たけのこ、にんじん、戻した干ししいたけときくらげを細切りにする。ほたて貝柱はほぐしておく。
2　鍋に［調味料］を入れて煮立て、1を加える。
3　水溶き片栗粉を加えてとろみをつけた後、溶いた卵を細く流し入れて卵がふわっと上がってきたら、ごま油を入れる。短冊切りにした豆腐を入れて、軽く混ぜる。
4　ボウルにこしょうと黒酢を混ぜ合わせ、器に2等分する。
5　中華麺をゆでて湯をきり、4の器に入れ、3を注ぎ入れる。

調理時間20分、1人427kcal
※豆腐は崩れないように最後のほうで入れましょう。
※好みに合わせて、お酢を追加してください。

1人分の使用量 大さじ 1/2

あんかけ焼きそば ★★

材料(2人分)
焼きそば用中華麺 2玉
豚バラ肉(薄切り) 50g
白菜 1と1/2枚
チンゲン菜 1株
赤ピーマン 1/2個
きくらげ 2.5g ／ にんじん 2cm
長ねぎ 1/4本 ／ むきえび 4尾
うずらの卵(水煮) 2個
サラダ油 適量
[あん用調味料]
　鶏ガラスープの素(顆粒) 小さじ1
　しょうゆ 大さじ2/3
　塩 小さじ1/4 ／ こしょう 少々
　水 1と1/2カップ
水溶き片栗粉 適量
黒酢 大さじ1

作り方
1 豚肉、白菜、チンゲン菜、赤ピーマン、戻したきくらげは一口大に切る。にんじんは短冊、長ねぎは斜めに切る。むきえびは背わたをとる。
2 フライパンにサラダ油を熱し、焼きそば用中華麺をほぐしながら平らに広げる。鍋を動かしながらカリッと両面焼いて、器にのせる。
3 再びフライパンにサラダ油を熱し、1とうずらの卵を入れる。全体に火が通ったら、[あん用調味料]を加えて煮立てる。水溶き片栗粉で強めのとろみをつけ2にかける。黒酢をかけていただく。

調理時間30分、1人554kcal
※お酢をかけると、飽きずに最後まで食べられます。
すっぱいのが好きな人は、お酢を多めに入れましょう。

1人分の使用量
大さじ
2
1/2

冷やし中華 ★★

材料(2人分)
中華麺 2玉
ごま油 適量
卵 1個
サラダ油 大さじ1/2
もやし 25g
きゅうり 1本
ロースハム 4枚
トマト 適量
むきえび 好みで適量
[調味料]
　しょうゆ 大さじ4
　穀物酢 大さじ5
　砂糖 大さじ1と1/2
　塩 少々
　ごま油 大さじ1
いりごま(白) 適量

作り方
1 中華麺はごま油を適宜入れた熱湯でゆで、冷水で洗って水気をきる。
2 卵はフライパンにサラダ油を熱して焼き、錦糸卵にする。もやしは熱湯でゆで、冷水で冷やし、水気をきる。
3 きゅうり、ロースハムは千切りにする。
4 器に1を盛り、2と3、くし形に切ったトマトと背わたをとってゆでたえびをのせ、混ぜた[調味料]をかけ、ごまをちらす。

調理時間20分、1人609kcal
※夏バテしそうな暑い日でも、スルスルと入ります。
※お酢は多めのほうが、味が引き締まります。
※カロリーについて、つゆを60％摂取するとして計算。

1人分の使用量 ━● 大さじ **1** ★

お酢でさっぱり焼きそば

材料（2人分）
焼きそば用中華麺　2玉
豚バラ肉（薄切り）　100g
水菜　30g（約1株）　／　赤ピーマン　30g（約½個）
長ねぎ　½本　／　もやし　50g
しょうが（みじん切り）　½片
サラダ油　大さじ1
穀物酢　大さじ2
しょうゆ　大さじ2
黒こしょう　適量

作り方
1　水菜は2cmほどの長さに、赤ピーマンは細切りに、長ねぎは斜め薄切りにする。
2　フライパンにサラダ油を熱し、しょうがを炒め、香りが出てきたら1cm幅に切った豚肉、1の野菜ともやしを入れて炒める。
3　焼きそば用中華麺を加えて、大さじ3の水（材料外）を加えて炒め合わせる。穀物酢としょうゆを合わせてまわしかけ、炒める。黒こしょうをして味をととのえる。

調理時間10分、1人606kcal
※このレシピでは酸味はほとんど感じません。
お酢好きな人は、酢をたくさんかけましょう。
※焼きそばは短時間でさっと仕上げるとベチャッとなりません。

1人分の使用量 ━● 大さじ **1** ★

お酢でさっぱりラーメン

材料（2人分）
中華麺　2玉
豚バラ肉（切り落とし）　60g　／　もやし　80g
ほうれん草　1株
［スープ］
　中華スープの素（顆粒）　大さじ2　／　水　3カップ
　穀物酢　大さじ2　／　しょうゆ　小さじ½
　ごま油　小さじ2
塩　少々　／　こしょう　少々
赤唐辛子　適量

作り方
1　もやしはゆでておく。豚肉とほうれん草は食べやすい大きさに切り、フライパンにサラダ油をひいて炒める。
2　スープを作る。鍋に水を入れて沸騰させ、［スープ］の材料をすべて加える。最後に塩、こしょうで味をととのえる。
3　麺をゆで、ゆであがったらざるでしっかりと湯をきる。丼に［スープ］と麺を入れ、1を盛りつける。お好みで赤唐辛子をちらす。

調理時間20分、1人440kcal
すっぱめが好きな人は、食べて味を見ながら、お酢をたしていきましょう。
※サンラータンの人気で、「ラーメンにお酢」もどんどんなじみが深まってきています。

1人分の使用量 大さじ 1/4

ラタトゥイユうどん

材料(2人分)
うどん(冷凍) 2玉
なす 1本
パプリカ(赤・黄) 各10g
玉ねぎ 1/4個
鶏もも肉 1/3枚
オリーブオイル 小さじ1
トマトソース 100g
白だし 小さじ2
塩 適量
こしょう 適量
バジル(生) 3枚
めんつゆ(2倍濃縮) 1/2カップ
穀物酢 大さじ1/2
水 1/2カップ

作り方
1 なすは7mmの厚さの半月切りに、パプリカは角切りに、玉ねぎはみじん切りにする。鶏肉は小さめの一口大に切る。
2 鍋にオリーブオイルを熱して玉ねぎと鶏肉を炒める。
3 2になすを加え、しんなりしたらパプリカとトマトソース、白だしを加える。
水分が少なくなるまで煮詰め、塩、こしょうで味をととのえる。
4 ゆでたうどんに3、ちぎったバジルをのせ、水で希釈しためんつゆと穀物酢をかける。
そのままのバジルの葉(材料外)を添えてできあがり。

調理時間20分、1人 428kcal
※トマトとお酢の2重の酸味で、さっぱり&さわやかにいただけます。
トマトとお酢は、とてもよく合うのです。

ぶっかけねばねばうどん ★★★

材料（2人分）
うどん（冷凍） 2玉
オクラ 4本
長いも 80g
納豆 1パック（45g）
わかめ 適量
卵 2個
［たれ］
　穀物酢 大さじ2
　みりん 大さじ2強
　塩 小さじ2/3
　ごま油 小さじ1/4
　すりごま（白） 大さじ2/3

作り方
1 ［たれ］を作る。耐熱容器にみりんを入れてラップをかけずに電子レンジ（500W）で2分ほど加熱し、煮切って冷ます。［たれ］の残りの材料を加えて混ぜる。
2 オクラは塩（材料外）でもみ、さっとゆでて小口に切る。長いもは皮をむいてポリ袋に入れ、麺棒でたたく。
3 納豆は添付のたれを加えてよく混ぜる。うどんはさっとゆでて水洗いしておく。
4 器にうどんを入れ、2と納豆、わかめをのせ、1の［たれ］をかけて生卵をのせる。

調理時間10分、1人419kcal
※お酢好きにはたまらないすっぱさです。苦手な人はお酢の量を減らしましょう。
※めかぶなど、ねばねば食材をもうひとつ加えてもおいしいです。
※［たれ］は、サラダのドレッシングや炒め物の味つけにも使える"万能だれ"です。

1人分の使用量 大さじ1

1人分の使用量 ━● 大さじ 約1 ★

冷製パスタ ミニトマトのピクルス風味

材料（2人分）
スパゲティ（カッペリーニ） 160g
ミニトマト（赤・黄）のピクルス（P.80参照） 20個
オリーブオイル 大さじ1
塩 適量
粗びき黒こしょう 適量
ルッコラ 適量

作り方
1 ミニトマトのピクルスをボウルにとり、
  軽くつぶしておく。
2 たっぷりのお湯に塩（1ℓに対し10g）を加え、
  カッペリーニを表示時間どおりにゆで、水で洗って
  氷水で冷やす。冷えたらざるにあげ、水気をしっかり
  きり、オリーブオイルを加えてからめる。
3 1のミニトマトに2を加え、塩、粗びき黒こしょうで
  味をととのえる。
4 器に盛りつけ、4cmの長さに切ったルッコラを飾る。

調理時間20分、1人444kcal
※ミニトマトは湯むきしてから漬けるといっそうおいしく仕上がります。
※漬けたミニトマトにしっかり味がついているので、
塩とこしょうだけのシンプルな味つけです。
※トマトとお酢は、とてもよく合います。

1人分の使用量 ━● 大さじ 1/2 ★

カルボナーラ ミニトマトのピクルス風味

材料（2人分）
スパゲティ 160g
ベーコン 3枚 ／ にんにく ½片
オリーブオイル 大さじ1
［A］
  卵 2個 ／ 卵黄 1個分
  生クリーム 大さじ3 ／ 粉チーズ 大さじ2
ミニトマト（赤・黄）のピクルス（P.80参照） 10個
粗びき黒こしょう 適量

作り方
1 ベーコンは1cm幅に切り、にんにくはスライスする。
  ［A］を混ぜ合わせておく。
2 フライパンにオリーブオイルを入れ、
  にんにくを炒める。
3 たっぷりのお湯に塩（材料外 ／ 1ℓに対し10g）を
  加えスパゲッティをゆでる。
4 2のフライパンにベーコンを入れ、中火で炒める。
5 ゆであがったスパゲティの湯をきって4に加え、
  ［A］と粗びき黒こしょうとミニトマトを加え、
  さっとあえる。

調理時間20分、1人749kcal
※クリーミーでコクがあるのに、後味がさっぱりします。
※トマトとお酢は、とてもよく合います。

1人分の使用量 大さじ 1/2

にんじんのマリネサンド・なすのマリネサンド ★★★

材料(2人分)
サンドイッチ用食パン　4枚
にんじん　30g
塩　少々
レーズン　4g
なす　1/2本
オリーブオイル　大さじ1/2
ベーコン(大)　1枚
穀物酢　大さじ1/2
粒マスタード　小さじ2
ハム　3枚
レタス　2枚
クリームチーズ　10g
トマト(輪切り)　1枚
[マリネ液]
　穀物酢　大さじ1/2
　オリーブオイル　小さじ1
　塩　少々／バジル(生)　2枚

作り方
1　にんじんは千切りにして塩をふってしんなりさせた後、水気をしぼり、レーズンと一緒に[マリネ液]であえる。
2　なすは7mmの厚さの半月に切ってから、オリーブオイルで揚げ焼きにした後、穀物酢をふりかける。ベーコンを焼き、塩とこしょう(ともに材料外)で味つけをしておく。
3　「にんじんのマリネサンド」はパンに粒マスタードを塗り、ハムと1のにんじんマリネ、レタスを重ねる。小さくちぎったクリームチーズを塗ったパンを重ねてはさむ。
4　「なすのマリネサンド」はパンに粒マスタードを塗り、2のなすのマリネとベーコン、トマト、レタスを重ねる。粒マスタードを塗ったパンを重ねてはさむ。
5　3と4いずれも、しばらくおいてなじませてから全体を縦半分に切る。

調理時間20分、1人235kcal
※マリネした野菜の酸味がきいています。季節に応じた食材をマリネしてアレンジを楽しみましょう。
※お酢は保存性が高いので、お弁当にもぴったりのメニューです。

1人分の使用量 ━● 大さじ 1/4　　★

ゆずつけ麺

材料(2人分)
中華麺 2玉
[つけだれ]
　めんつゆ(2倍濃縮) 1/2カップ
　水 1/2カップ
　穀物酢 大さじ1/2
　ゆずこしょう 小さじ2/3
　長ねぎ(小口切り) 1/4本
　焼き豚(5mm幅の細切り) 2枚
　ゆずの皮(すりおろす) 適量

作り方
1 中華麺はごま油を適宜(材料外)入れた熱湯でゆで、冷水で洗って水気をきる。
2 [つけだれ]の材料をすべて合わせて、麺つゆを作る。
3 2に1をつけていただく。

調理時間10分、1人 417kcal
※ゆずのさわやかさとゆずこしょうのピリリとした辛さがクセになる味です。
※そうめん、うどん、そばなど、どんな麺でもおいしくいただけます。
※お好みでゆずこしょうをたしても!

1人分の使用量 ━● 大さじ 1　　★★

トマトつけ麺

材料(2人分)
そうめん 4束
[つけだれ]
　めんつゆ(2倍濃縮) 1/2カップ
　水 1/2カップ
　穀物酢 大さじ2
　トマト 1/2個
　みょうが 1個
青じそ 2枚

作り方
1 そうめんをゆで、冷水で洗って水気をきる。
2 トマトは角切り、みょうがは薄い小口切りにし、[つけだれ]の材料をすべて合わせて、麺つゆを作る。
3 青じそを千切りにして麺つゆに入れ、そうめんをつけていただく。

調理時間10分、1人 382kcal
※うどん、中華麺、そばなど、どんな麺でもおいしくいただけます。

いろいろスープ

「今日一日、お酢をあまりとらなかった！」
そんなときは、お酢を使ったスープを1品追加しましょう。
一度の食事で、簡単に＆たくさんお酢をとりたいときに、スープはとても便利です。
いろんな種類の野菜をたくさんとれることも魅力。
栄養バランスのためにも、追加したいひと品です。
ちなみに、ここに紹介しているスープを作ってみると、
辛みとお酢がとてもよく合うことに気づくはず。辛いもの好きは、クセになるかも！

1人分の使用量
大さじ 1 1/3

鶏と豆腐の団子入りガドガド風スープ ★★★

材料(2人分)
[A]
　鶏ひき肉　80g
　絹ごし豆腐　60g
　しょうが　2g
　片栗粉　小さじ½
　塩　少々／長ねぎ　5g
ごぼう　40g
貝割れ大根　10g
[B]
　黒酢　小さじ2
　ごま油　小さじ1と½
[C]
　ピーナッツペースト　大さじ2
　穀物酢　大さじ2
　ナンプラー　大さじ2
　水　3カップ
コンソメ(顆粒)　小さじ¼

作り方
1 豆腐は水きりをし、[A]をフードプロセッサーにかけて
　よく混ぜ合わせる。
2 千切りにしたごぼうは酢水(材料外)につけ、さっと湯がいて
　アクを抜き、半分に切った貝割れ大根と合わせて[B]でマリネする。
3 鍋に湯を沸かし、コンソメを入れて1を丸めながら加える。
4 火が通ったらアクをとり、[C]を加えてひと煮立ちさせる。
5 器に盛り、上に2をのせる。

調理時間30分、1人251kcal
※「ガドガド」とは、つぶしたピーナッツに唐辛子と黒砂糖などを混ぜて作る、
インドネシアの甘辛だれのこと。
※フードプロセッサーがない場合には、しょうがとねぎをみじん切りにして
材料を合わせましょう。
※ピーナッツペーストの代わりに無糖のピーナッツバターでもOK。
塩分と油分が増えてしまうので、調整しながら味をたすこと。

1人分の使用量 大さじ1

鮭のすっぱ辛ホワイトクリーミースープ ★★★

材料（2人分）
紅鮭　1切れ
じゃがいも　1と1/2個
オリーブオイル　約大さじ1/2
粗びき黒こしょう　適量
水　2と1/2カップ
コンソメ（顆粒）　小さじ1/4
生クリーム　大さじ2
穀物酢　大さじ2
塩　ひとつまみ
タバスコ　適量
水溶き片栗粉　適量
貝割れ大根　適量

作り方
1. 鮭に粗びき黒こしょうをふる。鍋にオリーブオイル（適量）をひいて、鮭の両面をこんがり焼き、とり出す。
2. 同じ鍋に皮をむいていちょう切りにしたじゃがいもを入れ、オリーブオイル（適量）をまわし入れたら、水とコンソメを入れて煮る。
3. じゃがいもに竹串が通るくらいになったら、鮭を戻し入れて生クリームを加える。
4. 穀物酢を加え、塩で味をととのえたら水溶き片栗粉でとろみをつける。
5. 器に盛って、貝割れ大根をちらす。お好みでタバスコを。

調理時間30分、1人184kcal
タバスコとお酢でかなり刺激的な味です。エスニックなこの刺激、やみつきになります。辛いのが好きな人は、タバスコを適宜追加してもいいですね。

1人分の使用量 ➡ 大さじ 1/4　　★

卵とトマトの酸味スープ

材料（2人分）
鶏ガラスープの素（顆粒）　小さじ1
水　1と1/2カップ
トマト　1/2個
卵　1/2個
［調味料］
　穀物酢　大さじ1/2
　しょうゆ　小さじ1
　こしょう　少々
　ごま油　小さじ1/2
　しょうが汁　小さじ1/2
水溶き片栗粉　大さじ1と1/2
青じそ　1枚

作り方
1　トマトは湯むきして、細かく切る。
2　鍋に水と鶏ガラスープの素を入れて火にかけ、温まったら［調味料］を入れ、1を加える。
3　2に水溶き片栗粉を入れてとろみをつける。
4　3に溶いた卵を流し入れる。
5　器に盛り、小さく切った青じそを飾る。

調理時間10分、1人67kcal

1人分の使用量 ➡ 大さじ 1/3　　★★

もずくのサンラータン

材料（2人分）
もずく　50g
玉ねぎ　1/2個
にんじん　1/4本
鶏ガラスープの素（顆粒）　適量
水　1カップ
しょうゆ　小さじ1
穀物酢　小さじ2
ラー油　少々
粗びき黒こしょう　少々

作り方
1　玉ねぎは薄切り、にんじんは千切りにする。
2　鍋に水、鶏ガラスープの素、しょうゆ、1を入れて、やわらかくなるまで煮る。
3　もずくは水洗いし、食べる直前に2に入れ、最後に穀物酢、ラー油、粗びき黒こしょうを加える。

調理時間10分、1人33kcal
※ラー油の辛みとお酢は、王道のおいしさです。

1人分の使用量 → 大さじ 1/2

はるさめ入りタンタンスープ ★

材料（2人分）
豚ひき肉 75g
サラダ油 大さじ½
チンゲン菜 ½株 ／ はるさめ 25g
長ねぎ（白髪ねぎ） 5cm ／ 塩 小さじ⅓
[調味料1]
　みそ 小さじ1 ／ しょうゆ 大さじ½
　酒 大さじ½
中華スープの素（顆粒） 小さじ½
水 2カップ
[調味料2]
　練りごま（白） 大さじ2
　黒酢 大さじ1 ／ ラー油 大さじ1
[A]
　長ねぎ（みじん切り） ¼本
　しょうが（みじん切り） ½片
　にんにく（すりおろす） ½片
　ザーサイ 15g

作り方
1　ザーサイは水で洗いみじん切りにする。
　　チンゲン菜は4～5cmの長さの千切りにする。
　　はるさめはぬるま湯につけてしんなりしたら、ざるにあげておく。
2　鍋にサラダ油を熱し、豚ひき肉を炒める。パラパラになったら
　　[調味料1]を加え、汁気がなくなるまで炒める。
3　2に水、中華スープの素を加えて煮立て、チンゲン菜を加える。
4　3が煮立ったら[調味料2]を加えて混ぜ、再び煮立ったら、
　　はるさめと[A]、塩を加えひと煮立ちさせる。
5　器に盛り、白髪ねぎをのせる。

調理時間30分、1人317kcal
※はるさめが入っておかずにもなるスープです。
※黒酢がスープの味を引き締め、うまみをアップしてくれます。
※辛いのが苦手な人はラー油を控えめに。

1人分の使用量 大さじ1

チキンときのこのタイ風グリーンカレースープ ★★

材料(2人分)
鶏むね肉 1/2枚
たけのこ(水煮) 60g
赤ピーマン 1個
マッシュルーム 5個
オリーブオイル 大さじ2/3
グリーンカレーペースト 20g
[A]
　バイマックルー 2枚
　穀物酢 大さじ2
　水 3と1/2カップ
ココナッツミルク粉 20g
ナンプラー 大さじ2/3
塩 小さじ1/2
オイスターソース 大さじ1
砂糖 大さじ1
パクチー(生) 適量

作り方
1 鍋にオリーブオイルを熱し、それぞれ一口大に切った鶏肉、赤ピーマン、マッシュルーム、細切りにしたたけのこを入れて炒める。
2 グリーンカレーペーストを加え、[A]を入れて煮立たせ、アクをとる。
3 ココナッツミルク粉を加えてさらに煮込む。
4 ナンプラー、塩、オイスターソース、砂糖を加えて味をととのえたら器に盛り、パクチーをのせる。

調理時間30分、1人320kcal
※バイマックルーとはこぶみかんの葉で、タイ料理でよく使われるハーブです。手に入らない場合は、ローリエやレモングラスで代用しましょう。

1人分の使用量 大さじ1

野菜のカレースープ ★

材料（2人分）
じゃがいも 1/2個
にんじん 1/8本
玉ねぎ 1/4個
セロリ 1/8本
ベーコン 2枚
マカロニ（シェル） 10g
カレー粉 小さじ1/2
水 2カップ
コンソメ（顆粒） 大さじ1/2
サラダ油 大さじ1/2
バター 5g
カレールウ 30g
穀物酢 大さじ2

作り方
1 じゃがいも、にんじん、玉ねぎ、セロリはそれぞれ1.5cm角に切る。ベーコンは1.5cm幅に切る。マカロニをゆでる。
2 鍋にサラダ油とバターを入れ、1の野菜とベーコン、カレー粉を加えてよく炒める。
水とコンソメを加えて煮る。
材料が煮えたら、カレールウとゆでたマカロニを加えて煮る。
3 穀物酢を加えてひと煮立ちさせる。

調理時間20分.1人273kcal
※お酢を加えてからひと煮立ちさせているので、すっぱさはありません。
すっぱいのが好きな人は、火を止めてからお酢をたして。

1人分の使用量 大さじ 1 2/3

減塩ポトフスープ ★★

材料(2人分)
豚スペアリブ 2本
ソーセージ 2本
にんじん ½本
キャベツ ⅛個
玉ねぎ ½個
穀物酢 ¼カップ
水 3カップ
コンソメ(顆粒) 小さじ½
ベイリーフ 1枚
塩 ひとつまみ
こしょう 適量
パセリ 適量

作り方
1 豚スペアリブは熱湯をかけて表面を洗う。
  鍋に穀物酢とスペアリブを入れて煮立てる。
2 にんじんは輪切り、キャベツは大きめのざく切り、玉ねぎはくし形切りにする。
3 1に水、コンソメ、ベイリーフ、にんじん、玉ねぎを加えて
  スペアリブがやわらかくなるまで弱火で煮る。
  キャベツ、ソーセージを入れて、塩とこしょうで味をととのえる。
4 器に盛り、刻んだパセリをふる。

調理時間30分、1人 555kcal
※減塩ですが味はぼやけていません。お酢のチカラで酸味のきいた
引き締まった味わいです。

なんでもピクルス

ピクルスといえば、野菜などの酢漬け、サワー漬けのこと。
お酢に砂糖と塩を混ぜた漬けだれに"具"を入れるだけの、とっても簡単な料理。
ものぐさな人でも、野菜を切る数分でできてしまいますし、
お酢は保存性が高いので、一度作ったら、冷蔵庫に入れておけば
数カ月もちます（素材によっては、短いものもあります）。
ピクルスといっても、料理の"添え物"ではありません。忙しい朝にサラダとして、
野菜ぎらいな子どものおやつに、漬け物代わりに、晩酌のヘルシーなおつまみに……と、
用途はたくさん。ピクルスを、今日からあなたの食のシーンに加えてください！

1人分の使用量 ━● 大さじ1　★★★

ミニトマトとうずらのピクルス

材料(5人分)
ミニトマト 10個(好みで黄色いミニトマトもおすすめ)
うずらの卵(水煮) 10個
[調味液]
　穀物酢 大さじ5
　砂糖 大さじ5
　塩 大さじ½

作り方
1 [調味液]の材料を混ぜ合わせる。
2 ミニトマトは竹串などで穴を数カ所あけるか、皮を湯むきする。
3 容器にうずらの卵と2を入れ、1を注いで冷蔵庫へ入れる。半日ほどで食べごろになる。

調理時間10分、1人42kcal
※卵のピクルス!?と意外に思う方、ぜひ、一度食してみてください。びっくりのおいしさです。気に入ったら、ゆで卵を大きめのボトルでピクルスにするのもおすすめ。
※ミニトマトのピクルスは、P.68の冷製パスタとカルボナーラで使用しています。
※うずらの卵と、ミニトマトのころころしたかわいさが、目にもおいしい!ミニトマトだけ、卵だけでもおいしいピクルスに。
※P.83コラム参照。

1人分の使用量 ━● 大さじ1　★★★

ミックスビーンズのピクルス

材料(5人分)
ミックスビーンズ(水煮) 150g
[調味液]
　穀物酢 大さじ5
　砂糖 大さじ5
　塩 小さじ½

作り方
1 [調味液]の材料を混ぜ合わせる。
2 容器に水気をきったミックスビーンズを入れ、1を注いで冷蔵庫へ入れる。半日ほどで食べごろになる。

調理時間10分、1人60kcal
※P.59のミックスビーンズのピクルスでキーマカレーで使用しています。
※P.83コラム参照。

1人分の使用量 大さじ1

ねぎ&黒こしょうのピクルス

材料（5人分）
長ねぎ 150g
［調味液］
　穀物酢 大さじ5
　砂糖 大さじ5
　塩 小さじ½
黒粒こしょう 適量

作り方
1 ［調味液］の材料を混ぜ合わせる。
2 長ねぎは2cmくらいのぶつ切りにする。
3 容器に2と軽くつぶした黒こしょうを入れ、
　1を注いで冷蔵庫へ入れる。
　半日ほどで食べごろになる。

調理時間10分、1人27kcal
※P.54の肉手まりずしで使用しています。
※黒こしょうのピリッとした辛みは、ほかの野菜でも合います。
※P.83コラム参照。

みょうがのピクルス ★★★

材料（5人分）
みょうが 10個
［調味液］
　穀物酢 大さじ5
　砂糖 大さじ5
　塩 小さじ½

作り方
1 ［調味液］の材料を混ぜ合わせる。
2 みょうがは薄切りにする。
3 容器に2を入れ、1を注いで冷蔵庫へ入れる。
　半日ほどで食べごろになる。

調理時間10分、1人19kcal
※P.54の肉手まりずしで使用しています。
※P.83コラム参照。

1人分の使用量 → 大さじ1

カリフラワーのカレーピクルス

材料（5人分）
カリフラワー 150g
［調味液］
　穀物酢 大さじ5
　砂糖 大さじ5
　塩 小さじ½
　カレー粉 小さじ1

作り方
1 ［調味液］の材料を混ぜ合わせる。
2 カリフラワーは小房に分け、ゆでて湯をきっておく。
3 容器に2を入れ、1を注いで冷蔵庫へ入れる。半日ほどで食べごろになる。

　調理時間10分、1人25kcal
　※カレー粉を入れたピクルスは、味のバリエーションにもなって、おすすめです。
　※P.83コラム参照。

玉ねぎのカレーピクルス ★★★

材料（5人分）
玉ねぎ 150g
［調味液］
　穀物酢 大さじ5
　砂糖 大さじ5
　塩 小さじ½
　カレー粉 小さじ1

作り方
1 ［調味液］の材料を混ぜ合わせる。
2 玉ねぎはスライスする。
3 容器に2を入れ、1を注いで冷蔵庫へ入れる。半日ほどで食べごろになる。

　調理時間10分、1人27kcal
　※P.31の揚げない酢鶏の玉ねぎピクルス煮で使用していきます。
　※P.83コラム参照。

1人分の使用量 ➡ 大さじ1　　　　　　　　　　　　　　　　　　　　　　　★★★

長いものピクルス

材料(5人分)
長いも 150g
［調味液］
　穀物酢 大さじ5
　砂糖 大さじ5
　塩 小さじ¾

作り方
1 ［調味液］の材料を混ぜ合わせる。
2 長いもは皮をむき、拍子木切りにする。
3 容器に2を入れ、1を注いで冷蔵庫へ入れる。半日ほどで食べごろになる。

調理時間10分、1人35kcal
※P.56の長いものピクルスでまぐろのづけ丼で使用しています。
※下記コラム参照。

もやしのピクルス

材料(5人分)
もやし 150g
［調味液］
　穀物酢 大さじ5
　砂糖 大さじ5
　塩 小さじ¾
　赤唐辛子(小口切り) 適量

作り方
1 ［調味液］の材料を混ぜ合わせる。
2 もやしは洗って耐熱容器に入れ、ラップをかけて電子レンジ(500W)で1分30秒から2分加熱し、水気をきる。
3 容器に2を入れ、1を注いで冷蔵庫へ入れる。半日ほどで食べごろになる。

調理時間10分、1人19kcal
※下記コラム参照。

らっきょうのピクルス

材料(5人分)
らっきょう 30個
赤唐辛子 1本
［調味液］
　穀物酢 大さじ5
　砂糖 大さじ5
　塩 小さじ¾

作り方
1 ［調味液］の材料を混ぜ合わせる。
2 らっきょうはよく洗い、両端を切りとり、もう一度水洗いして全体に熱湯をさっとかけ、水気をきる。
3 容器に2と赤唐辛子を入れ、1を注いで冷蔵庫へ入れる。半日ほどで食べごろになる。

調理時間10分、1人45kcal
※下記コラム参照。

ピクルスを漬けるにあたって

本書で紹介しているピクルスを漬けるにあたって、次のことを覚えておいてください。
◎半日ほど漬けると食べごろになります。
◎冷蔵で保存し、できるだけお早めにお召し上がりください。
◎金属製のふたの使用は避けてください。
◎カロリーは漬け汁を40％摂取するとして算出。
◎一度野菜を漬けた調味液は、野菜から出る水分で薄まっておりますので、繰り返し漬けることはおやめください。

1人分の使用量 ▶ 大さじ 1　★★★

きゅうり&にんじん&セロリのピクルス

材料(5人分)
きゅうり ½本
にんじん ¼本
セロリ ⅓本
[調味液]
　穀物酢　大さじ5
　砂糖　大さじ5
　塩　小さじ¾

作り方
1 [調味液]の材料を混ぜ合わせる。
2 きゅうりは厚めの輪切り、にんじんは半月切り、筋をとったセロリは1cm角に切る。
3 容器に2を入れ、1を注いで冷蔵庫へ入れる。半日ほどで食べごろになる。

調理時間10分、1人21kcal
※これら以外の野菜でも、余ったらまとめてピクルスにすると、無駄が出なくていいですよ!
※P.83コラム参照。

1人分の使用量 ▶ 大さじ 1　★★★

きのこのピクルス

材料(5人分)
エリンギ　50g
しめじ　50g
えのきだけ　50g
[調味液]
　穀物酢　大さじ5
　砂糖　大さじ5
　塩　小さじ¾

作り方
1 [調味液]の材料を混ぜ合わせる。
2 エリンギは食べやすい大きさにスライスし、しめじ、えのきは小房に分けて、耐熱容器に入れ、ラップをかけて電子レンジ(500W)で3分ほど加熱し、水気をきる。
3 容器に2を入れ、1を注いで冷蔵庫へ入れる。半日ほどで食べごろになる。

調理時間10分、1人21kcal
※きのこは、ちょこちょこ余りやすいもの。いろんなきのこをまとめて、ピクルスにすると、日もちもするし、おすすめです。
※P.83コラム参照。

お酢ドリンク&スイーツ

お酢は、ドリンクにしたり、スイーツとしても楽しめます。
ミツカン社員には、お酢ドリンクを日常的に飲む人が大勢います。
水で割ったり、豆乳で割ったり、炭酸で割ったり、ジンジャーエールで割ったり、
お酒で割る人も！　みんな、いろいろ試しながら、好みを見つけています。
前章でピクルスを紹介しましたが、ピクルスよりも砂糖やはちみつの量を増やして、
フルーツを甘く漬けておき、炭酸や水で割ると、おいしいドリンクにもなりますよ。
忙しくて朝食がとれない！なんて朝は、一杯のお酢ドリンクをいかがですか？

1人分の使用量 大さじ 1 2/3

グレープフルーツ&ジンジャーのサワードリンク ★★★

材料(8人分)
グレープフルーツ 100g(皮をむいて)
しょうが(薄切り) 3枚
氷砂糖 200g
りんご酢 1カップ

作り方
1 グレープフルーツは洗って水気をきり、皮をむき薄皮をとる。
2 密閉できる広口びんにグレープフルーツ、しょうが、氷砂糖、りんご酢を入れ、ふたをして涼しいところにおく。
3 1日1回、ふたをしたまま軽く振り混ぜ、1週間でできあがり。漬け終わったら果実はとり除く(お好みで召しあがってください)。
4 水または炭酸水で約5倍に薄めていただく。

調理時間10分、1人109kcal
※お好みで赤唐辛子を入れてみましょう。ピリッとした辛さがアクセントになります。
※おすすめのアレンジは紅茶割り。
サワードリンク原液:ホット紅茶=1:4。
※金属製のふたの使用は避けてください。
※できあがったサワードリンクは冷蔵保管をおすすめします。

1人分の使用量 大さじ 1 1/3

梅の黒酢サワードリンク ★★★

材料(10人分)
青梅 100g
黒砂糖 200g
黒酢 1カップ

作り方
1 青梅はへたをとり、よく洗って十分に水気を拭く。
2 密封できる広口びんに梅、黒砂糖、黒酢を入れ、ふたをして涼しいところにおく。
3 1日1回、ふたをしたまま軽く振り混ぜ、3週間でできあがり。漬け終わったら果実はとり除く(お好みで召しあがってください)。
4 水または炭酸水で約5倍に薄めていただく。

調理時間10分、1人8kcal
※金属製のふたの使用は避けてください。
※できあがったサワードリンクは冷蔵保管をおすすめします。

1人分の使用量 大さじ 1/2

レアチーズとブルーベリー黒酢ゼリー ★★

材料(4人分)
[レアチーズ]
　クリームチーズ　200g
　砂糖　大さじ4
　牛乳　1カップ
　レモン汁　大さじ2
　ゼラチン　6g
　湯　1/4カップ
[ブルーベリー黒酢ゼリー]
　ブルーベリー黒酢(濃縮)　1/2カップ
　水　1/2カップ
　ゼラチン　5g
　湯　大さじ2

作り方
1 [レアチーズ]を作る。クリームチーズと砂糖をボウルに入れ、泡立て器でなめらかになるまですり混ぜる。
2 1に牛乳とレモン汁を加え、ダマにならないように混ぜ合わせる。
3 ゼラチン液を作る。湯にゼラチンを入れて完全に溶かす。これを2に加えて混ぜ合わせ、器に流し込み、冷蔵庫で冷やし固める。
4 [ブルーベリー黒酢ゼリー]を作る。
　ブルーベリー黒酢は同量の水で割り、湯でゼラチンを溶かした液を加える。
　レアチーズ生地が固まったら冷蔵庫から出してゼリー液を流し込み、再び冷蔵庫で冷やし固める。
　好みでクランベリーやブルーベリーなどのフルーツ、ミントをのせて。

調理時間20分、1人269kcal
※2層になっているゼリーとレアチーズを一緒に食べるとおいしさが2倍！

1人分の使用量 → 大さじ 1/2

マンゴーのサワームース ★★

材料（4人分）
マンゴー（缶詰）200g
牛乳 1カップ
りんご酢 大さじ2
ミントの葉 適量
ラズベリー 1粒

作り方
1　マンゴー、牛乳、りんご酢をミキサー入れ、攪拌する。
2　器に注ぎ、ミントの葉とラズベリーをあしらう。

調理時間10分、1人92kcal
※ミキサーにかけるだけの簡単デザートです。
※マンゴーの甘みだけなので甘さ控えめです。

1人分の使用量 ➡ 大さじ 1　★

りんごのコンポート

材料（4人分）
りんご　2個
シナモン（粉末）　少々
［調味料］
　りんご酢　大さじ4
　砂糖　150g
　シナモンスティック　1本
　水　3カップ

作り方
1　りんごの皮をむき、8等分に切る。
2　鍋に［調味料］とりんごを入れ、落としぶたをして20分ほど煮たら、煮汁に漬けたまま粗熱をとり、冷蔵庫で冷やす。シナモン（粉末）をかける。

調理時間30分、1人197kcal
※まったくすっぱくありません。そのままでも十分においしいですが、アイスクリームやヨーグルトと合わせても。

1人分の使用量 ➡ 大さじ 1 2/3　★★★

フルーツマリネ

材料（4人分）
いちご　1/2パック
オレンジ　1個
キウイ　1個
メロン　1/4個
りんご酢　1/2カップ
はちみつ　大さじ2

作り方
1　フルーツを一口大に切り、りんご酢とはちみつを加えて混ぜ合わせる。
　30分から1時間ほどおいて、味をなじませる。

調理時間10分、1人90kcal
※フルーツは旬のものやお好みのものを使いましょう。
※食べた瞬間に「すっぱい!」と感じます。
すっぱいのが苦手な人は、はちみつをたして。

1人分の使用量 ━▶ 大さじ **1**　★★★

お酢の炭酸割り・水割り

お好みの酢とはちみつ各大さじ1を、
よく冷やした水や炭酸水150mlで割ります。
甘ずっぱくてキレのあるドリンクは、
暑い夏やお風呂あがりに一気に飲みたくなります。
お酢とはちみつの量は、お好みで加減を。
ブルーベリーの黒酢など、もともと甘く味のついている
お酢ははちみつは不要。
写真は、左：黒酢＋はちみつ、
中：ブルーベリーの黒酢、
右：りんご酢＋はちみつ。

1人分の使用量 ━▶ 大さじ **1**　★★

お酢の牛乳割り・豆乳割り

グラスに牛乳や豆乳150mlを注いでから、
お好みの酢とはちみつ各大さじ1を入れると、
マーブル模様を描きながら、とろりと混じり合います。
ヨーグルトドリンクみたいになって、酢のすっぱさが
苦手な人も、牛乳や豆乳がきらいな人も、
ゴクゴク飲めそうです。
お酢とはちみつの量は、お好みで加減を。
ブルーベリーの黒酢など、もともと甘く味のついている
お酢ははちみつは不要。
写真は、左：ブルーベリーの黒酢、
中奥：りんご酢＋はちみつ、
右手前：黒酢＋はちみつ。

使いまわそう！食材索引

食材を有効に使いまわすための索引です。
にんにく、しょうが、長ねぎ、万能ねぎなど、
多くの料理で使う食材と、ドリンクやデザートの食材は入れていません。

肉類

鶏手羽元
鶏のさっぱり煮…16

鶏ささみ
そらまめとささみの酢の物…40

鶏もも肉
鶏のビネガークリーム煮…23
中華風ローストチキン…29
ゆで鶏と大根の薬味ソース…30
揚げない酢鶏の玉ねぎピクルス煮…31
チキン南蛮カレーライス…58
ラタトゥイユうどん…66

鶏ひき肉
鶏と豆腐の団子入りガドガド風スープ…72

鶏むね肉
チキンときのこのタイ風グリーンカレースープ…76

牛もも肉
牛たたきのにんにくじょうゆがけ…20

牛バラ肉
なんでもカップずし…51
肉手まりずし 焼肉のたれ味＆塩・こしょう味…54

牛ランプ肉
牛肉のマリネステーキ…26

牛ロース肉
変わり青椒肉絲…32

豚ひき肉
肉団子の甘酢あん…17
羽根つきぎょうざのごま黒酢だれ…19
豆腐ハンバーグ薬味ソース…25
にんにくチャーハン…61
はるさめ入りタンタンスープ…75

豚ロース肉
黒酢豚…18
焼き豚の赤ワインとお酢煮込み…22
さっぱりトンテキ…24
豚のさっぱり焼き丼…60

豚肉しゃぶしゃぶ用
豚のごまだれ冷しゃぶ…21

豚バラ肉
じゃがいもきんぴら…45
なすの肉じそ巻きピリ辛ソース…46
さっぱりチャーハン…61
あんかけ焼きそば…63
お酢でさっぱり焼きそば…65
お酢でさっぱりラーメン…65

豚スペアリブ
酢で煮たエスニック風スペアリブ…28
減塩ポトフスープ…78

豚もも肉
コチュジャンだれの韓国風丼…57

合いびき肉
ミートローフ バジル酢ソースがけ…27
韓国風のり巻き…55

焼き豚
ゆずつけ麺…70

ハム
中華風冷や奴…48

冷やし中華…64
にんじんのマリネサンド・なすのマリネサンド…69

ベーコン
カルボナーラ ミニトマトのピクルス風味…68
にんじんのマリネサンド・なすのマリネサンド…69
野菜のカレースープ…77

ソーセージ
減塩ポトフスープ…78

魚介類

あじ
酢で煮魚…34
あじと玉ねぎの南蛮漬け…36

甘えび
なんでもカップずし…51

アンチョビ
牛肉のマリネステーキ…26

いか
いかとオクラの酢の物…41

イクラ
黒酢で作る手巻きずし…50

サーモン
黒酢で作る手巻きずし…50

白身魚
白身魚のさっぱりソテー…35

スモークサーモン
スモークサーモンのマリネ…36
なんでもカップずし…51
スモークサーモンの押しずし…53

鯛
鯛のカルパッチョ…37
黒酢で作る手巻きずし…50

たこ
たこのエスニック風サラダ…38

ぶり
ぶり大根…42

紅鮭
鮭のすっぱ辛ホワイトクリーミースープ…73

まぐろ
キャベツとまぐろのぬた…43
黒酢で作る手巻きずし…50
なんでもカップずし…51
長いものピクルスでまぐろのづけ丼…56

むきえび
あんかけ焼きそば…63
冷やし中華…64

ツナ（缶詰）
にんじんとツナの酢サラダ…39
ツナとえだまめのおろしあえ…43

ほたて貝柱
サンラータンメン…62

野菜・きのこ類

アスパラガス
黒酢豚…18

変わり青椒肉絲…32
あじと玉ねぎの南蛮漬け…36

アボカド
黒酢で作る手巻きずし…50

うど
酢で煮魚…34

えだまめ
ツナとえだまめのおろしあえ…43

えのきだけ
きのこのピクルス…84

エリンギ
きのこのピクルス…84

オクラ
いかとオクラの酢の物…41
ぶっかけねばねばうどん…67

貝割れ大根
牛たたきのにんにくじょうゆがけ…20
ゆで鶏と大根の薬味ソース…30
ぶり大根…42
中華風焼きなす…48
黒酢で作る手巻きずし…50
なんでもカップずし…51
いなりずし…52
鶏と豆腐の団子入りガドガド風スープ…72

かぼちゃ
変わり青椒肉絲…32

カリフラワー
カリフラワーのカレーピクルス…82

キャベツ
羽根つきとんてき…19
さっぱりトンテキ…24
キャベツとまぐろのぬた…43
にんにくチャーハン…61
減塩ポトフスープ…78

きゅうり
牛たたきのにんにくじょうゆがけ…20
豚のごまだれ冷しゃぶ…21
たこのエスニック風サラダ…38
きゅうりのさっぱり漬け…44
なんでもカップずし…51
コチュジャンだれの韓国風丼…57
冷やし中華…64
きゅうり＆にんじん＆セロリのピクルス…84

ごぼう
変わり青椒肉絲…32
鶏と豆腐の団子入りガドガド風スープ…72

小松菜
白身魚のさっぱりソテー…35

サラダ菜
豚のごまだれ冷しゃぶ…21

しめじ
きのこのピクルス…84

じゃがいも
牛肉のマリネステーキ…26
じゃがいもきんぴら…45
鮭のすっぱ辛ホワイトクリーミースープ…73
野菜のカレースープ…77

春菊
中華風冷や奴…48

スナップえんどう
豆腐ハンバーグ薬味ソース…25
たこのエスニック風サラダ…38

セロリ
豚のごまだれ冷しゃぶ…21
牛肉のマリネステーキ…26
酢で煮たエスニック風スペアリブ…28
変わり青椒肉絲…32
野菜のカレースープ…77
きゅうり&にんじん&セロリのピクルス…84

そらまめ
そらまめとささみの酢の物…40

大根
ゆで鶏と大根の薬味ソース…30
ぶり大根…42
ツナとえだまめのおろしあえ…43

たけのこ
サンラータンメン…62
チキンときのこのタイ風グリーンカレースープ…73

玉ねぎ
黒酢豚…18
鶏のビネガークリーム煮…23
豆腐ハンバーグ薬味ソース…25
牛肉のマリネステーキ…26
ミートローフ バジル酢ソースがけ…27
揚げない酢鶏の玉ねぎピクルス煮…31
あじと玉ねぎの南蛮漬け…36
スモークサーモンのマリネ…36
鯛のカルパッチョ…37
チキン南蛮カレーライス…58
ミックスビーンズのピクルスでキーマカレー…59
豚のさっぱり焼き丼…60
さっぱりチャーハン…61
ラタトゥイユうどん…66
もずくのサンラータン…74
野菜のカレースープ…77
減塩ポトフスープ…78
玉ねぎのカレーピクルス…82

チンゲン菜
あんかけ焼きそば…63
はるさめ入りタンタンスープ…75

トマト
中華風焼きなす…48
冷やし中華…64
にんじんのマリネサンド・なすのマリネサンド…69
トマトつけ麺…70
卵とトマトの酸味スープ…74

長いも
黒酢で作る手巻きずし…50
長いものピクルスでまぐろのづけ丼…56
ぶっかけねばねばうどん…67
長いものピクルス…83

なす
肉団子の甘酢あん…17
なすの肉じそ巻きピリ辛ソース…46
中華風焼きなす…48
ミックスビーンズのピクルスでキーマカレー…59
ラタトゥイユうどん…66
にんじんのマリネサンド・なすのマリネサンド…69

にんじん
牛たたきのにんにくじょうゆがけ…20
豆腐ハンバーグ薬味ソース…25
牛肉のマリネステーキ…26
酢で煮たエスニック風スペアリブ…28
変わり青椒肉絲…32

白身魚のさっぱりソテー…35
にんじんとツナの酢サラダ…39
なんでもカップずし…51
韓国風のり巻き…55
サンラータンメン…62
あんかけ焼きそば…63
にんじんのマリネサンド・なすのマリネサンド…69
もずくのサンラータン…74
野菜のカレースープ…77
減塩ポトフスープ…78
きゅうり&にんじん&セロリのピクルス…84

白菜
あんかけ焼きそば…63

パプリカ
肉団子の甘酢あん…17
黒酢豚…18
鶏のビネガークリーム煮…23
ミートローフ バジル酢ソースがけ…27
酢で煮たエスニック風スペアリブ…28
あじと玉ねぎの南蛮漬け…33
スモークサーモンのマリネ…36
いかとオクラの酢の物…41
ラタトゥイユうどん…66

ピーマン
じゃがいもきんぴら…45
卵の旨酢煮…47
あんかけ焼きそば…63
お酢でさっぱり焼きそば…65
チキンときのこのタイ風グリーンカレースープ…76

ブロッコリー
鶏のさっぱり煮…16

ベビーリーフ
ミートローフ バジル酢ソースがけ…27
鯛のカルパッチョ…37

ほうれん草
韓国風のり巻き…55
お酢でさっぱりラーメン…65

マッシュルーム
鶏のビネガークリーム煮…23
チキンときのこのタイ風グリーンカレースープ…76

水菜
お酢でさっぱり焼きそば…65

ミニ玉ねぎ
豆腐ハンバーグ薬味ソース…25

ミニトマト
さっぱりトンテキ…24
酢で煮たエスニック風スペアリブ…28
冷製パスタ ミニトマトのピクルス風味…68
カルボナーラ ミニトマトのピクルス風味…68
ミニトマトとうずらのピクルス…80

みょうが
豚のごまだれ冷しゃぶ…21
さっぱりトンテキ…24
長いものピクルスでまぐろのづけ丼…56
トマトつけ麺…70
みょうがのピクルス…81

もやし
冷やし中華…64
お酢でさっぱり焼きそば…65
お酢でさっぱりラーメン…65
もやしのピクルス…83

らっきょう
らっきょうのピクルス…83

ラディッシュ
そらまめとささみの酢の物…40
ツナとえだまめのおろしあえ…43

レタス
たこのエスニック風サラダ…38
にんじんのマリネサンド・なすのマリネサンド…69

卵・乾物・豆腐ほか

卵
鶏のさっぱり煮…16
黒酢豚…18
豆腐ハンバーグ薬味ソース…25
ミートローフ バジル酢ソースがけ…27
卵の甘酢煮…47
なんでもカップずし…51
チキン南蛮カレーライス…58
さっぱりチャーハン…61
サンラータンメン…62
冷やし中華…64
ぶっかけねばねばうどん…67
カルボナーラ ミニトマトのピクルス風味…68
卵とトマトの酸味スープ…74

うずらの卵
あんかけ焼きそば…63
ミニトマトとうずらのピクルス…80

切り干し大根
切り干し大根とごまハリハリ漬け…44

わかめ
酢で煮魚…34
ぶっかけねばねばうどん…67

豆腐
豆腐ハンバーグ薬味ソース…25
中華風冷や奴…48
サンラータンメン…62
鶏と豆腐の団子入りガドガド風スープ…72

油揚げ
いなりずし…52

干ししいたけ
サンラータンメン…62

きくらげ
サンラータンメン…62
あんかけ焼きそば…63

納豆
ぶっかけねばねばうどん…67

ミックスビーンズ
ミックスビーンズのピクルスでキーマカレー…59
ミックスビーンズのピクルス…80

クリームチーズ
にんじんのマリネサンド・なすのマリネサンド…69

レーズン
にんじんマリネサンド・なすのマリネサンド…69

生クリーム
カルボナーラ ミニトマトのピクルス風味…68
鮭のすっぱ辛ホワイトクリーミースープ…73

粉チーズ
カルボナーラ ミニトマトのピクルス風味…68

もずく
もずくのサンラータン…74

ザーサイ
はるさめ入りタンタンスープ…75

はるさめ
はるさめ入りタンタンスープ…75

マカロニ
野菜のカレースープ…77

使いまわそう！お酢の索引

お酢を有効に使いましょう。でも、
「この料理には絶対にこのお酢」ということではありません。
該当するお酢がない場合は、代替できますので、あるものを使えばOKです。

穀物酢

鶏のさっぱり煮…16
肉団子の甘酢あん…17
牛たたきのにんにくじょうゆがけ…20
豚のごまだれ冷しゃぶ…21
焼き豚の赤ワインとお酢煮込み…22
さっぱりトンテキ…24
ゆで鶏と大根の薬味ソース…30
揚げない酢鶏の玉ねぎピクルス煮…31
あじと玉ねぎの南蛮漬け…36
スモークサーモンのマリネ…36
鯛のカルパッチョ…37
たこのエスニック風サラダ…38
そらまめとささみの酢の物…40
いかとオクラの酢の物…41
キャベツとまぐろのぬた…43
ツナとえだまめのおろしあえ…43
切り干し大根とごまハリハリ漬け…44
じゃがいもきんぴら…45
なすの肉じそ巻きピリ辛ソース…46
中華風冷や奴…48
中華風焼きなす…48
スモークサーモンの押しずし…53
肉手まりすし 焼肉のたれ味&塩・こしょう味…54
韓国風のり巻き…55
長いものピクルスでまぐろのづけ丼…56
コチュジャンだれの韓国風丼…57
チキン南蛮カレーライス…58
ミックスビーンズのピクルスでキーマカレー…59
豚のさっぱり焼き丼…60
さっぱりチャーハン…61
にんにくチャーハン…61
冷やし中華…64
お酢でさっぱり焼きそば…65
お酢でさっぱりラーメン…65
ラタトゥイユうどん…66
ぶっかけねばねばうどん…67
冷製パスタ ミニトマトのピクルス風味…68
カルボナーラ ミニトマトのピクルス風味…68
にんじんのマリネサンド・なすのマリネサンド…69
ゆずつけ麺…70
トマトつけ麺…70
鶏と豆腐の団子入りガドガド風スープ…72
鮭のすっぱ辛ホワイトクリーミースープ…73
卵とトマトの酸味スープ…74
もずくのサンラータン…74
チキンときのこのタイ風グリーンカレースープ…76
野菜のカレースープ…77
減塩ポトフスープ…78
ミニトマトとうずらのピクルス…80
ミックスビーンズのピクルス…80
ねぎ&黒こしょうのピクルス…81
みょうがのピクルス…81
カリフラワーのカレーピクルス…82
玉ねぎのカレーピクルス…82
長いものピクルス…83
もやしのピクルス…83
らっきょうのピクルス…83
きゅうり&にんじん&セロリのピクルス…84
きのこのピクルス…84

米酢

ミートローフ バジル酢ソースがけ…27
酢で煮たエスニック風スペアリブ…28
中華風ローストチキン…29
変わり青椒肉絲…32
酢で煮魚…34
にんじんとツナの酢サラダ…39
きゅうりのさっぱり漬け…44
卵の甘酢煮…47
いなりずし…52

黒酢

黒酢豚…18
羽根つきぎょうざのごま酢だれ…19
豆腐ハンバーグ薬味ソース…25
ぶり大根…42
黒酢で作る手巻きずし…50
サンラータンメン…62
あんかけ焼きそば…63
鶏と豆腐の団子入りガドガド風スープ…72
はるさめ入りタンタンスープ…75
梅の黒酢サワードリンク…87

白ワインビネガー

鶏のビネガークリーム煮…23
さっぱりトンテキ…24
牛肉のマリネステーキ…26
白身魚のさっぱりソテー…35

すし酢

なんでもカップすし…51
スモークサーモンの押しすし…53
肉手まりすし 焼肉のたれ味&塩・こしょう味…54
韓国風のり巻き…55
チキン南蛮カレーライス…58

りんご酢

グレープフルーツ&ジンジャーのサワードリンク…86
マンゴーのサワームース…89
りんごのコンポート…90
フルーツマリネ…90

ブルーベリー黒酢

レアチーズとブルーベリー黒酢ゼリー…88

お酢料理が、
こんなところでも食べられる！

グルメ杵屋とミツカンの共同開発の
お酢メニュー

全国で外食チェーン店を展開されているグルメ杵屋さんでも、お酢メニューが食べられるかも！いつもとは少し違ったお酢を使ったメニューをぜひ広めたいという思いから共同で商品開発をすすめています。酢を使ったおうどんやおそばのメニューを期間限定でグルメ杵屋さんの店舗で販売することも検討しています。身近な外食店で、健康的なお酢メニューが食べられるようになればいいですね。

JOURNAL STANDARDのカフェで、
お酢メニュー

アパレルブランドのJOURNAL STANDARDが展開するパンケーキ専門のカフェ「j.s. pancake cafe」。ここでは、カフェメニューに合うものを……と考えて、パンケーキ、ソース、ドレッシングにお酢が使われたミールパンケーキの開発をすすめています。

監修　株式会社ミツカン

創業以来、人々の食文化を創造する「商品とメニュー」を提供し、「食酢」の他にも「ぽん酢」「サワードリンク」「食酢飲料」「手巻き寿司」などのブームも作ってきた。現在は、食酢製造で培った、微生物の発酵醸造技術を活かした、差別化された新しい価値を持った納豆も取り扱う。「商品とメニュー」を提供価値として食を通じて、家族の団欒、仲間との親睦に貢献し、さらには、単に調味料を提案するだけでなく、食生活、食文化を通じて人との絆を深めていくことを提案している。

Staff
ブックデザイン　　　伊丹友広　新由紀子　中井有紀子（it is design）
料理・スタイリング　HISAKO（ディッシュ ラボ）
取材・構成　　　　　土田由佳
撮影　　　　　　　　池水カナエ
料理アシスタント　　尾棹史織
編集　　　　　　　　袖山満一子（幻冬舎）

撮影協力（容器提供）　株式会社岩城ハウスウエア　http://www.igc.co.jp/
　　　　　　　　　　　ハリオグラス株式会社　　　http://www.hario.com/
撮影協力（食器リース）株式会社キントー東京オフィス　http://www.kinto.co.jp/

ミツカン社員のお酢レシピ
毎日大さじ1杯のお酢で、おいしく健康生活

2012年5月25日　第1刷発行
2012年7月5日　第5刷発行

監　修　ミツカン
発行人　見城徹
発行所　株式会社　幻冬舎
〒151-0051東京都渋谷区千駄ヶ谷4-9-7
電　話　03-5411-6211（編集）
　　　　03-5411-6222（営業）
　　　　振替00120-8-767643

GENTOSHA

印刷・製本所　図書印刷株式会社
検印廃止

万一、落丁乱丁のある場合は送料小社負担でお取替致します。小社宛にお送り下さい。
本書の一部あるいは全部を無断で複写複製することは、法律で認められた場合を除き、
著作権の侵害となります。定価はカバーに表示してあります。
©MIZKAN, GENTOSHA 2012
Printed in Japan ISBN978-4-344-02186-0 C0077

幻冬舎ホームページアドレス　http://www.gentosha.cc.jp
この本に関するご意見・ご感想をメールでお寄せいただく場合は、comment@gentosha.co.jpまで。

お酢料理が、
こんなところでも食べられる！

グルメ杵屋とミツカンの共同開発の
お酢メニュー

全国で外食チェーン店を展開されているグルメ杵屋さんでも、お酢メニューが食べられるかも！いつもとは少し違ったお酢を使ったメニューをぜひ広めたいという思いから共同で商品開発をすすめています。酢を使ったおうどんやおそばのメニューを期間限定でグルメ杵屋さんの店舗で販売することも検討しています。身近な外食店で、健康的なお酢メニューが食べられるようになればいいですね。

JOURNAL STANDARDのカフェで、
お酢メニュー

アパレルブランドのJOURNAL STANDARDが展開するパンケーキ専門のカフェ「j.s. pancake cafe」。ここでは、カフェメニューに合うものを……と考えて、パンケーキ、ソース、ドレッシングにお酢が使われたミールパンケーキの開発をすすめています。

監修　株式会社ミツカン

創業以来、人々の食文化を創造する「商品とメニュー」を提供し、「食酢」の他にも「ぽん酢」「サワードリンク」「食酢飲料」「手巻き寿司」などのブームも作っきた。現在は、食酢製造で培った、微生物の発酵醸造技術を活かした、差別化された新しい価値を持った納豆も取り扱う。「商品とメニュー」を提供価値として食を通じて、家族の団欒、仲間との親睦に貢献し、さらには、単に調味料を提案するだけでなく、食生活、食文化を通じて人との絆を深めていくことを提案している。

Staff
ブックデザイン　　　伊丹友広　新由紀子　中井有紀子（it is design）
料理・スタイリング　　HISAKO（ディッシュ ラボ）
取材・構成　　　　　土田由佳
撮影　　　　　　　　池水カナエ
料理アシスタント　　　尾棹史織
編集　　　　　　　　袖山満一子（幻冬舎）

撮影協力（容器提供）　株式会社岩城ハウスウエア　http://www.igc.co.jp/
　　　　　　　　　　　ハリオグラス株式会社　　　http://www.hario.com/
撮影協力（食器リース）　株式会社キントー東京オフィス　http://www.kinto.co.jp/

ミツカン社員のお酢レシピ
毎日大さじ1杯のお酢で、おいしく健康生活

2012年5月25日　第1刷発行
2012年7月5日　第5刷発行

監　修　ミツカン
発行人　見城徹

発行所　株式会社 幻冬舎
〒151-0051 東京都渋谷区千駄ヶ谷4-9-7
電　話　03-5411-6211（編集）
　　　　03-5411-6222（営業）
　　　　振替00120-8-767643

GENTOSHA

印刷・製本所　図書印刷株式会社

検印廃止

万一、落丁乱丁のある場合は送料小社負担でお取替致します。小社宛にお送り下さい。
本書の一部あるいは全部を無断で複写複製することは、法律で認められた場合を除き、著作権の侵害となります。定価はカバーに表示してあります。
©MIZKAN, GENTOSHA 2012
Printed in Japan ISBN978-4-344-02186-0 C0077

幻冬舎ホームページアドレス　http://www.gentosha.co.jp
この本に関するご意見・ご感想をメールでお寄せいただく場合は、comment@gentosha.co.jp まで。